Freud
Psychoanalyse für Pädagogen

Verlag Hans Huber
Programmbereich Psychologie

HUBER

Huber Psychologie Klassiker

Manche Bücher veralten nie. In der Reihe «Huber Psychologie Klassiker» legen wir kanonische Werke wieder auf, die die Psychologie des 20. Jahrhunderts und darüber hinaus unser ganzes Menschenbild entscheidend beeinflusst haben. Wir möchten zeigen, dass die Form des Buches als Lebenswerk und Vermächtnis nicht nur von historischem Interesse ist, sondern weiterhin notwendig zur Klärung und zum Verständnis grundlegender Positionen der Psychologie.

Bisher sind erschienen:

Dürckheim
Der Alltag als Übung
Vom Weg zur Verwandlung
10. Aufl. 2001. ISBN 978-3-456-83544-0

Frankl
Der leidende Mensch
Anthropologische Grundlagen der Psychotherapie
3. Aufl. 2005. ISBN: 978-3-456-84214-1

Frankl
Der Wille zum Sinn
5. Aufl. 2005. ISBN 978-3-456-84173-1

Freud
Psychoanalyse für Pädagogen
6. Aufl. 2011. ISBN 978-3-456-84918-8

Watzlawick / Beavin / Jackson
Menschliche Kommunikation
12. Auflage 2011. ISBN 978-3-456-84970-6

Anna Freud

Psychoanalyse für Pädagogen

Eine Einführung

6. Auflage

Mit einem Geleitwort von Alex Holder

Verlag Hans Huber

Lektorat: Dr. Klaus Reinhardt
Gestaltung und Herstellung: Peter E. Wüthrich
Umschlaggestaltung: Claude Borer, Basel
Druckvorstufe: Claudia Wild, Konstanz
Druck und buchbinderische Verarbeitung: Kösel, Krugzell
Printed in Germany

Bibliografische Information der Deutschen Nationalbibliothek
Die Deutsche Nationalbibliothek verzeichnet diese Publikation
in der Deutschen Nationalbibliografie; detaillierte bibliografische Daten sind
im Internet über http://dnb.d-nb.de abrufbar.

Anregungen und Zuschriften bitte an:
Verlag Hans Huber
Lektorat Medizin/Gesundheit
Länggass-Strasse 76
CH-3000 Bern 9
Tel: 0041 (0)31 300 4500
Fax: 0041 (0)31 300 4593
verlag@hanshuber.com
www.verlag-hanshuber.com

6. Auflage 2011

ISBN 978-3-456-84918-8

Inhaltsverzeichnis

Geleitwort

Es war für mich ein großes Privileg, 23 Jahre lang an Anna Freuds Hampstead Clinic in London mitzuarbeiten, erst als Student in der Ausbildung zum Kinderanalytiker und fünf Jahre später als Mitarbeiter der Klinik. In dieser Zeit konnte ich immer wieder Anna Freuds Gabe bewundern, komplexe Sachverhalte auf einfache Weise zu formulieren, wie das auch im vorliegenden Buch *Psychoanalyse für Pädagogen* der Fall ist, das erstmals 1930 bei Hippokrates in Stuttgart erschienen war. In *Die Schriften der Anna Freud*, der Gesamtausgabe ihrer Werke, tragen diese Vorträge den Titel *Vier Vorträge über Psychoanalyse für Lehrer und Eltern* (1980). Die Zielgruppen haben sich also erweitert, und die Pädagogen sind durch Lehrer ersetzt worden.

Das Buch enthält zwei Teile. Der erste besteht aus vier Vorträgen, die Anna Freud vor Horterziehern der Stadt Wien gehalten hat. In ihnen zeigt sich ihre Gabe, komplexe Sachverhalte in einfacher und verständlicher Sprache darzustellen, wobei sie ihre Thesen immer wieder mit Beispielen aus ihrer Erfahrung und Praxis untermauert. Was aus heutiger Sicht vielleicht ein wenig überrascht, ist die Tatsache, dass Anna Freud noch damals, also 30 Jahre, nachdem *Die Traumdeutung* (1900) und viele andere Werke Freuds erschienen waren, eine Skepsis gegenüber der psychoanalytischen Sichtweise bei ihren Zuhörern erwartete.

Man wird bei diesen Vorträgen unweigerlich an Freuds Vorlesungen zur Einführung in die Psychoanalyse (1916–17) erinnert, auch wenn diese sehr viel anspruchsvoller und umfassender sind. In diesen Vorträgen versteht es Anna Freud, ihre Zuhörer mit den wichtigsten psychoanalytischen Grundbegriffen vertraut zu machen. Im ersten Vortrag, der den Titel *Die infantile Amnesie und der Ödipuskomplex* trägt, überrascht es, dass der Ödipuskomplex kein einziges Mal erwähnt wird. Implizit ist von ihm natürlich schon die Rede, etwa wenn Anna Freud feststellt:

> Nur spielt der Vater im Leben des kleinen Knaben eine doppelte Rolle. Der Knabe hasst ihn als Rivalen, wenn er sich als rechtmäßiger Besitzer der Mutter aufspielt [...]. In allen anderen Beziehungen aber liebt und bewundert er ihn [...] und kennt keinen größeren Wunsch, als ihm in der Zukunft gleich zu werden. So entsteht für den Knaben die unerhörte und fürs erste unlösbare Schwierigkeit, dass er den gleichen Menschen zur gleichen Zeit liebt, bewundert, aber auch hasst und tot wünscht. (S.21)

Im zweiten Vortrag, in dem Anna Freud über das infantile Triebleben spricht, geht es um die noch heute gebräuchlichen Phasen der libidinösen Entwicklung, d.h. also als erstes die orale Phase, in welcher der Mund die hauptsächliche Quelle der Lust ist, gefolgt von der analen Phase, die mit der Reinlichkeitserziehung zusammenfällt, und schließlich der phallischen Phase, während der die Genitalien zu den Hauptquellen der Lust werden. Auch in diesem Vortrag finden wir noch keine direkten Hinweise auf psychoanalytische Grundbegriffe.

Diese werden von Anna Freud erst in ihrem dritten Vortrag eingeführt, der sich mit der Latenzperiode befasst. Hier erläutert sie die Begriffe des Unbewussten, der Verdrängung, der Reaktionsbildung, der Sublimierung, des Ödipuskomplexes und Kastrationskomplexes, der Übertragung, der Libido, des Ichs und des Überichs. Das Es als dritter Teil der von Freud postulierten psychischen Struktur wird nur indirekt erwähnt, z.B. wenn Anna Freud von der Verdrängung konflikthafter Triebbefriedigungen spricht.

Im vierten und letzten Vortrag geht es um die Beziehungen zwischen Psychoanalyse und Pädagogik. Wenn Anna Freud hier feststellt, dass die Psychoanalyse der Pädagogik schon heute dreierlei leistet, so gilt das auch heute noch im selben Maße. Als erstes stellt sie fest, dass sich die Psychoanalyse «zur Kritik der schon bestehenden Erziehungsformen» eignet (S. 59). Heute, 80 Jahre später, kann man wohl sagen, dass der Einfluss der Psychoanalyse auf die vorherrschenden Erziehungsformen bedeutende Fortschritte gemacht hat. Als zweites hält Anna Freud fest:

> Als psychoanalytische Psychologie, als Lehre von den Trieben, vom Unbewussten, als Libidotheorie erweitert sie [...] die Menschenkenntnis des Erziehers und schärft sein Verständnis für die komplizierten Beziehungen zwischen dem Kind und dem erziehenden Erwachsenen. (ibid.)

Diese Feststellung gilt natürlich auch heute noch in vollem Umfang. Als drittes erwähnt Anna Freud die psychoanalytische Behandlungsmethode, in diesem Fall die Kinderanalyse. Als solche «bemüht sie sich, Schäden wieder auszubessern, die dem Kind während des Erziehungsprozesses zugefügt wurden» (ibid.).

Die Kinderanalyse – mit vier oder fünf Sitzungen pro Woche und somit vergleichbar mit der Erwachsenenanalyse – war für Anna Freud natürlich eine Herzensangelegenheit, und sie war die erste, die in London eine Ausbildung in Kinderanalyse für Laien – also Nichtmediziner wie Psychologen, Lehrer, Sozialarbeiter, usw. – an der Hampstead Clinic verwirklichte. Heutzutage sind Kinderanalysen leider eher selten geworden und Therapien mit ein, zwei oder drei Wochenstunden häufiger.

Dem zweiten Teil des Buches von Anna Freud fehlt die Geschlossenheit des ersten, in dem die vier an dasselbe Publikum gerichteten Vorträge eine Einheit bilden. Die drei Artikel im zweiten Teil befassen sich mit sehr verschiedenen Themen, einmal mit der Rolle körperlicher Krankheiten im Seelenleben eines Kindes (1952), zweitens mit einigen Bemerkungen zur Säuglingsbeobachtung (1952), und schließlich mit der Aggression in ihrer Beziehung zur normalen und pathologischen Gefühlsentwicklung (1956). Diese Übersicht zeigt bereits, dass sich Anna Freud in diesen Artikeln mit wichtigen Themen auseinandersetzt.

Beim Artikel über die körperlichen Krankheiten ist von Bedeutung, dass sich Anna Freud mit deren Auswirkungen auf das Seelenleben eines Kindes befasst, also um die affektive

Atmosphäre während der Krankheit, die psychische Bedeutung des Schmerzes und der Umgang eines Kindes mit der Angst, die durch eine Krankheit oder operative Eingriffe entsteht. Sie beschäftigt sich auch mit den libidinösen Veränderungen, die durch eine Krankheit verursacht werden.

Die Säuglingsbeobachtung ist heutzutage ein integraler Bestandteil der meisten psychoanalytischen Ausbildungen. Das Besondere des vorliegenden Artikels liegt darin, dass er auf einem Vortrag basiert, den Anna Freud 1952 vor Studenten der Medizin in Cleveland gehalten hat, also nicht an angehende Psychoanalytiker, sondern eben Medizinstudenten. Man kann daraus nur schließen, dass Anna Freud der Ansicht war, dass auch Mediziner in ihrer Ausbildung von einer Säuglingsbeobachtung und der mit ihr verknüpften frühesten Bindung zwischen Mutter und Kind profitieren könnten.

Der Artikel über die Aggression, der dieses Buch abschließt, erschien 1956 zum ersten Mal in der nun beim Verlag Hans Huber erscheinenden 3. Auflage der Einführung in die Psychoanalyse für Pädagogen. Hier unterscheidet Anna Freud zwischen der Sexualität und der Aggression als den beiden von der Psychoanalyse postulierten Haupttrieben, die meistens in Mischformen vorkommen und später von Freud dem Lebenstrieb und Todestrieb gleichgesetzt wurden. Was die Aggression anbelangt, unterscheidet Anna Freud dann zwischen den Auto-Aggressionen des Kleinkindes und den späteren objektgerichteten Aggressionen. Am Ende des Artikels wendet sich Anna Freud den pathologischen Äußerungsformen der Aggression zu, bei denen eine Entmischung von aggressiven und libidinösen Regungen stattgefunden hat.

Als ich Anfang der 1960er-Jahre meine kinderanalytische Ausbildung an der Hampstead Klinik durchlief, war das vorliegende Buch von Anna Freuds *Das Ich und die Abwehrmechanismen* überschattet, das 1936 erschienen war. 1965 erschien dann *Wege und Irrwege in der Kinderentwicklung*, wohl die zwei wichtigsten Arbeiten von Anna Freud. Zudem konzentrierte sich die Forschung an der Klinik auf die Diagnostik, für die ein Profil ausgearbeitet worden war. Von großer Bedeutung war auch die von Joseph Sandler geleitete Index-Abteilung, für die das analytische Material vieler an der Klinik behandelter Kinder von verschiedenen Gesichtspunkten aus in kleinen metapsychologischen Einheiten zusammengefasst und diskutiert wurden. So spielte das vorliegende Buch damals in der Ausbildung nur eine untergeordnete Rolle. Aber es bleibt weiterhin ein wichtiges historisches Dokument, und die vier Vorträge eignen sich vorzüglich als Einführung in das Gedankengut der Psychoanalyse.

Zusammen mit Melanie Klein gehört Anna Freud zu den großen Pionieren und Begründern der Kinderanalyse, für die sie geleistet hat, was ihr Vater als ihr Vorbild für die Erwachsenenanalyse geschaffen hat.

Basel, im Dezember 2010
Alex Holder

Vorwort zur fünften Auflage

Die vorliegende kleine Sammlung von Vorträgen und Aufsätzen verdankt ihre Entstehung der Absicht, die wichtigsten psychoanalytischen Grundansichten über das kindliche Seelenleben in gemeinverständlicher Form darzustellen und Lehrer und Erzieher in die Denkweise der Psychoanalyse einzuführen. Ein von hier ausgehendes Studium soll dann die praktische Anwendung dieser Erkenntnisse auf die Probleme der Kindererziehung ermöglichen und in weiterer Folge eine Pädagogik aufbauen helfen, die zur Gänze auf der Einsicht in das Wesen des Kindes, in seine Bedürfnisse, seine triebhaften Gegebenheiten und seine Konflikte mit der Außenwelt und in der Innenwelt beruht.

Inwieweit die vor vierzig Jahren zuerst vorgebrachten Themen und Erläuterungen auch heute noch ihre Aufgabe erfüllen können, bleibt der Beurteilung des Lesers überlassen. Nicht alle der damaligen Zeit angemessenen Beispiele mögen dem Gesichtskreis des heutigen Erziehers entsprechen. Nicht alle Einzelheiten, die zur Zeit der Erstausgabe neu, überraschend, und gerade darum überzeugend waren, mögen ihre Wirkungskraft behalten haben. Manches seither neu erworbene Wissen um Seiten oder Perioden des kindlichen Lebens mag von den Lesern in dieser frühen Darstellung vermisst werden. Unzulänglichkeiten dieser Art entsprechen dem Wesen dieses Buches als erstem Schritt zu einem ehrgeizigen Ziel: der Verwirklichung einer psychoanalytischen Erziehungslehre. Was trotz dieser Mängel für sein Neuerscheinen spricht, ist sein Wahrheitsgehalt: Es enthält keine Tatsache oder Behauptung, die nicht entweder aus der direkten

Arbeit mit Kindern stammt oder in der direkten Arbeit mit Kindern ihre Bestätigung gefunden hat.

London, April 1971
Anna Freud

Erster Teil

Erster Vortrag:

Die infantile Amnesie und der Ödipuskomplex

Meine Damen und Herren! Wir wissen alle, dass die praktisch arbeitenden Pädagogen der Psychoanalyse noch sehr fremd und misstrauisch gegenüberstehen. Wenn Sie, die Horterzieher der Stadt Wien, trotzdem den Entschluss gefasst haben, zu einem kleinen Kurs mit mir zusammenzukommen, so müssen Sie wohl von irgendwoher den Eindruck bekommen haben, die neue Wissenschaft hätte Ihnen bei näherer Bekanntschaft irgendetwas zur Unterstützung Ihrer schwierigen Arbeit zu bieten. Nach den vier Abenden, die wir jetzt vor uns haben, sollen Sie selbst entscheiden, ob Sie mit dieser Vermutung zu weit gegangen sind, oder ob ich imstande war, Ihnen ein Stück von Ihren Erwartungen auch zu erfüllen.

In einer bestimmten Richtung habe ich Ihnen sicherlich nichts Neues zu bieten. Ich würde meinen Zweck verfehlen, wenn ich versuchen wollte, Ihnen etwas vom Verhalten der Hort- oder Schulkinder zu erzählen. Sie sind in dieser Beziehung in der bevorzugteren Lage. Durch Ihre Hände geht in der täglichen Arbeit eine Fülle von Material und lehrt Sie die ganze Stufenleiter der Erscheinungen auf das Genaueste kennen: von den körperlich und geistig minderentwickelten, den verstockten, eingeschüchterten, verlogenen und verprügelten bis zu den brutalen, aggressiven und verbrecherischen Kindern. Es ist besser, wenn ich gar keinen Versuch mache, eine vollständige Aufzählung zu geben.

Sie könnten mir am Ende immer noch nachweisen, wie viel Lücken ich darin gelassen habe.

Aber dieselbe Lage, die Sie zu einer so vollständigen Kenntnis der Erscheinungen befähigt, hat auch ihre Nachteile. Sie sind als Horterzieher – Sie wären es auch als Lehrer einer Schule oder als Kindergärtnerinnen – genötigt, unaufhörlich zu handeln. Das Leben und die Bewegung in Ihren Klassen oder Gruppen verlangt ein ständiges Eingreifen; Sie müssen mahnen, abwehren, in Ordnung halten, beschäftigen, belehren und unterrichten. Die Ihnen vorgesetzten Instanzen wären sehr unzufrieden, wenn es Ihnen plötzlich einfiele, sich auf den passiven Beobachterposten zurückzuziehen. So kommt es, dass Sie in Ihrem Beruf zwar eine Unzahl von Äußerungsformen des kindlichen Wesens kennenlernen, dass Sie aber nicht dazu gelangen, die Erscheinungen, die Sie vor Augen haben, auch zu ordnen und die Äußerungen der Kinder, auf die Sie doch reagieren sollen, auf ihre Ursachen zurückzuführen.

Vielleicht fehlt Ihnen zu einer solchen Gruppierung und Erklärung des Materials auch noch mehr als die Gelegenheit zur ungestörten Beobachtung. Eine solche Einordnung verlangt Spezialkenntnisse. Nehmen wir an, einer von Ihnen interessiere sich dafür, warum gewisse Kinder seiner Gruppe an Augenentzündungen oder an Rachitis leiden. Er weiß, dass diese Kinder aus elenden und feuchten Wohnungen kommen. Aber den speziellen Weg, auf dem sich die Feuchtigkeit der Zimmerwände in die Krankheit des Kindes umsetzt, wird ihm nur die ärztliche Wissenschaft verdeutlichen können. Ein anderer etwa richte sein Interesse auf die Gefahren, denen die Kinder trunksüchtiger Väter durch ihre Abstammung ausgesetzt sind; er wird sich an die Vererbungslehre um Auskünfte wenden müssen. Wer die Zusammenhänge zwischen Arbeitslosigkeit, Wohnungsnot und Verwahrlosung der Kinder erfassen will, wird versuchen, sich an die Soziologie zu halten. Für den, der als Erzieher mehr von den seelischen Hintergründen aller jener kindlichen Äußerungen erfahren will, die ich oben aufgezählt habe, wer die Unterschiede zwischen ihnen begreifen und ihre langsame Entwicklung im einzelnen Kind verfolgen möchte, dem wird dann die Möglichkeit bleiben, sich bei der neuen Wissenschaft der Psychoanalyse Auskunft zu holen.

Eine solche Unterstützung des praktischen Handelns durch ein vermehrtes Wissen erscheint mir aus zwei Gründen für den Horterzieher ganz besonders wichtig. Der Kinderhort, der die aus äußeren oder inneren Gründen im Elternhaus gefährdeten Kinder in der schulfreien Zeit des Tages aufnehmen soll, ist die jüngste unter den öffentlichen Erziehungseinrichtungen der Stadt Wien. Er ist als Vorbeugungsmittel gegen die wachsende Verwahrlosung der Kinder gedacht und verdankt seine Existenz der Einsicht, dass es leichter ist, beginnende Anzeichen von Verwahrlosung oder Asozialität in dem freien, der Schule oder dem Elternhaus nahe stehenden Milieu des Hortes zu beeinflussen, als einige Jahre später die schwer verwahrlosten oder kriminellen Jugendlichen zu oft schon aussichtslosen Erziehungsversuchen in Besserungsanstalten abzusondern. Aber für den Besuch des Kinderhorts gibt es augenblicklich noch kein Zwangsmittel. Die Behörde kann die Eltern zwar zwingen, ihre Kinder zur Belehrung in die Schule zu schicken; ob sie aber ein Kind, dem sie selber nur die schlechtesten Bedingungen zu bieten haben, der Horterziehung anvertrauen wollen, bleibt vorläufig noch ihrem eigenen Gutdünken überlassen. Daraus ergibt sich, dass die Kinderhorte ihre Existenzberechtigung jedem Elternpaar und jedem Kinde durch besonders erfolgreiche Arbeit ständig von Neuem beweisen müssen; ebenso etwa wie vor der Einführung des Impfzwangs die Eltern immer wieder neu von der Notwendigkeit der Impfmaßnahme überzeugt werden mussten.

Aber der Horterzieher spürt noch in anderer Beziehung die Schwierigkeit seiner Stellung. Er hat fast ausschließlich mit Kindern zu tun, die schon eine ganze Reihe mehr oder minder schwerwiegender Erlebnisse hinter sich haben und durch die Hände einer ganzen Anzahl von Erzieherpersonen gegangen sind. Er muss merken, dass sie – wenigstens zu Anfang – gar nicht auf seine wirkliche Person und sein tatsächliches Verhalten ihnen gegenüber reagieren, sondern lauter fertige Verhaltungsweisen mitbringen, ihm etwa mit dem Misstrauen, dem Trotz oder der Abwehr entgegenkommen, die sie sich in ihren Erfahrungen bei anderen Erwachsenen erworben haben. Das Leben des Kindes im Hort ist außerdem immer nur eine Ergänzung seines Schullebens. Der Hort arbeitet im Allgemeinen mit freieren, humaneren und moderneren Methoden als die meisten Schulen. So wird das Verhalten, das die Schule von den Kindern verlangt und ihnen anerzieht, dem Hort oft zum Hindernis bei der Erreichung seiner eigenen Absichten.

Die Lage des Horterziehers ist also keine beneidenswerte. Er hat in fast allen Fällen eine schwierige Aufgabe vor sich, die ein selbstständiges Handeln und Eingreifen verlangt. Aber er ist trotzdem nie etwas anderes als ein Mit- und Nacherzieher.

Wir täten aber der Schule unrecht, wenn wir die Stellung der Lehrer als eine günstigere beurteilen würden. Auch die Lehrer klagen darüber, wie selten sie das Kind aus erster Hand bekommen, wie schwer es zum Beispiel ist, schon die Kinder der ersten Volksschulklassen an die richtige ernsthafte Einstellung ihnen und dem Unterricht gegenüber zu gewöhnen, wenn sie vorher durch die spielerische Atmosphäre eines Kindergartens gegangen sind. Sie bringen das dort erlernte Verhalten in die Schule mit, in deren Betrieb es nicht mehr passen will.

Wenden wir uns aber an die Kindergärtnerinnen, die nach den eben gehörten Auskünften in der beneidenswerten Lage sein müssten, einen noch ganz frischen Boden bearbeiten zu können, so hören wir zu unserem Erstaunen die Klage, dass auch die dort untergebrachten Drei- bis Sechsjährigen schon lauter «fertige Menschen» sind, dass jedes von ihnen eine Sammlung von Eigenarten mitbringt und auf seine bestimmte Weise auf das Benehmen der Kindergärtnerin reagiert, dass man bei jedem bestimmte Erwartungsvorstellungen und Ängste, Abneigungen und Vorlieben, seine eigene Form von Eifersucht und Zärtlichkeit, Liebesbedürfnis oder Abwehr feststellen kann. Es ist keine Rede davon, dass die Erzieherin hier einem noch ungeformten Wesen ihren eigenen Stempel aufdrücken kann. Sie bewegt sich zwischen lauter komplizierten Miniaturpersönlichkeiten, deren Beeinflussung alles eher als leicht ist.

Die öffentlichen Erzieher – in Hort, Schule, Kindergarten – befinden sich also alle in der gleichen schwierigen Lage. Der Mensch wird offenbar früher fertig, als man es sich im Allgemeinen vorstellt. Um die kindlichen Eigenheiten, die diesen Erziehern so viel zu schaffen machen, zu ihren Uranfängen zurückzuverfolgen, muss man die Nachforschungen in die Zeit hinein ausdehnen, die vor dem Eintritt des Kindes in die öffentlichen Erziehungsinstitutionen liegt, und zu jenen Erziehern zurückgehen, die tatsächlich in seinem Leben die ersten waren: also in die Zeit vor dem fünften Lebensjahr und in das Elternhaus.

Vielleicht kommt es Ihnen so vor, als ob unsere Aufgabe sich damit nur vereinfacht hätte. Statt die größeren Kinder in den Schulen oder Horten in ihrem täglichen Verhalten zu beobachten, sollen wir versuchen, Auskünfte über die Eindrücke und Erinnerungen aus ihren allerersten Lebensjahren von ihnen einzuholen.

Das scheint auf den ersten Blick kein schwieriges Unternehmen. Sie haben alle im Umgang mit den Ihnen anvertrauten Zöglingen darauf hingearbeitet, ein aufrichtiges Vertrauensverhältnis zwischen sich und den Kindern herzustellen. Das kann Ihnen in diesem Augenblick zunutze kommen. Das Kind wird bereit sein, Ihnen alles zu erzählen, wenn Sie nur anfangen, es verständig auszufragen.

Ich rate Ihnen allen zu einem solchen Versuch, aber ich kann Ihnen auch im Vorhinein verraten, dass er ergebnislos ausfallen wird. Kinder geben keine Auskünfte über die Vergangenheit. Sie erzählen bereitwillig von den Ereignissen der letzten Tage und Wochen, von Ferien, die sie in fremder Umgebung verbracht haben, von einem zurückliegenden Geburts- oder Namenstag, vielleicht noch von dem Weihnachtsfest des vorigen Jahres. Dann aber stocken ihre Erinnerungen oder fehlt wenigstens die Möglichkeit, sie mitzuteilen.

Sie werden sagen, wir waren eben in unserem Zutrauen zur Merkfähigkeit des Kindes für seine Vergangenheit zu zuversichtlich. Wir hätten bedenken sollen, dass das Kind gar keine Unterscheidung für das Wichtige und Unwichtige aus seinem Vorleben hat, dass es darum ungleich aussichtsreicher und vernünftiger wäre, eine solche Ausfragung nach den eigenen frühesten Kindheitserlebnissen nicht mit einem Kinde, sondern mit einem an einer solchen Untersuchung selbst interessierten Erwachsenen anzustellen.

Ich rate Ihnen auch zur Ausführung dieses zweiten Vorschlags, aber ich weiß, Sie werden zu Ihrer Überraschung finden, dass auch der bereitwillige Freund, an den Sie sich wenden, Ihnen sehr wenig mitzuteilen hat. Seine Erzählungen werden wahrscheinlich ziemlich lückenlos und verständnisvoll bis zu seinem fünften oder sechsten Lebensjahr hinunterreichen, er wird Ihnen seine Schulausbildung schildern, etwa noch die Wohnungen, in denen er sein drittes, viertes oder fünftes Jahr verbracht hat, die Anzahl und Namen seiner Geschwister, vielleicht noch das eine oder andere Ereignis, wie eine Übersiedlung oder einen Unglücksfall. Dann wird sein Bericht stocken, ehe Sie das darin gefunden haben, was Sie suchen: nämlich Andeutungen, wie sich in jenen ersten Jahren die Entwicklung zu seinem speziellen Wesen und seinen speziellen Eigenheiten vollzogen hat.

Aber Sie wüssten auch für diese neuerliche Enttäuschung eine Ursache. Die Begebenheiten, nach denen wir forschen, die eine so wichtige Rolle in der Charakterentwicklung des einzelnen zu spielen berufen sind, müssen offenbar die größten Intimitäten seines Lebens sein, Erlebnisse, die man als seinen eigensten Besitz hütet, nur sich selber eingesteht und auch vor seinen nächsten Freunden schamhaft verbirgt. Wir hätten mit diesem Umstand vorher rechnen und uns an die einzige Person um Auskunft wenden sollen, die der ganzen Lage der Dinge nach zur Auskunfterteilung bereit sein kann: jeder an sich selber. Uns selbst müssen wir doch die Merkfähigkeit des normalen Erwachsenen zutrauen, das Interesse an der Untersuchung und das Wegfallen aller Schranken, die der Mitteilung an andere durch das Sich-schämen gesetzt sind.

Bemühen wir uns aber selber mit dem Einsatz alles Interesses, aller Aufmerksamkeit und aller Aufrichtigkeit, so bleibt das Ergebnis doch immer noch ein außerordentlich armseliges. Es gelingt uns nicht, die ersten Jahre unseres Lebens wirklich aufzuhellen und eine lückenlose Reihe von Erinnerungen an diese Zeit zusammenzustellen. Wir werden die Ereignisse immer bis zu einem bestimmten Zeitpunkt aneinanderreihen können, der bei den einzelnen Menschen ganz verschieden liegt, bei manchen im fünften, bei manchen im vierten, bei anderen erst im dritten Lebensjahr. Dahinter aber liegt bei jedem von uns eine große Lücke, ein Dunkel, in dem nur einzelne aus dem Zusammenhang gerissene Stücke zu erkennen sind, die bei näherem Betrachten keinen Sinn und vor allem keine Wichtigkeit zu haben scheinen. So erinnert sich etwa ein junger Mann aus seinen ersten vier Kinderjahren an nichts als an eine kleine Szene auf einem Schiff, wo der Kapitän in einer schönen Uniform die Arme nach ihm ausstreckt, um ihn über eine kleine Brüstung hinaufzuheben. Zur selben Zeit hat er – wie durch Nachfragen bei anderen leicht zu erfahren ist – die stürmischsten Konflikte und schwersten Schicksalsschläge erlebt. Oder ein Mädchen hat von einer bewegten und mit vielen lebhaften Ereignissen angefüllten ersten Kindheit nichts anderes behalten als die deutliche Erinnerung, dass sie im Kinderwagen gefahren wird und den Kopf über die Schulter zurück nach der den Wagen schiebenden Kinderfrau wendet.

Sie werden zugeben, dass wir hier auf einen auffälligen Widerspruch von Tatsachen gestoßen sind. Einesteils wissen wir aus der Beobachtung der kleinen Kinder und aus der Schilderung, die Angehörige uns von unseren eigenen ersten Jahren machen, dass das Kind sich zu dieser Zeit intelligent und lebhaft benimmt, Zuneigung und Abneigung zeigt und sich in vielen wichtigen Hinsichten ganz wie ein vernünftiges Wesen verhält. Anderseits ist diese selbe Zeit aus der Erinnerung ausgelöscht oder hat doch nur sehr mangelhafte Spuren in ihr hinterlassen. Nach dem vorhin angehörten Zeugnis, das die öffentlichen Erzieher, die Lehrer und Kindergärtnerinnen ausstellen, treten die Menschen nach Ablauf dieser ersten Lebensperiode als voll ausgebildete kleine Individualitäten ins Leben. Und doch benimmt sich das Gedächtnis, als wäre es nicht der Mühe wert, Spuren aus einer Zeit aufzubewahren, in der jeder Einzelne ganz besonders aufnahme- und eindrucksfähig war und in der diese komplizierte Entwicklung zu einer individuellen Persönlichkeit vor sich gegangen ist.

Die offiziellen Richtungen der Psychologie haben sich bisher von diesem Anschein täuschen lassen. Da sie nur so viel vom menschlichen Seelenleben als Material ihrer Wissenschaft ansehen, wie dem Menschen selber bekannt ist, mussten sie die Bedeutung der ersten Kinderjahre ihrer Unbekanntheit wegen sehr geringfügig einschätzen. Erst die Psychoanalyse stieß sich an diesem Widerspruch. Es war ihr gerade gelungen nachzuweisen, dass den kleinen alltäglichen Fehlhandlungen der Menschen, dem Vergessen, Verlieren, Verlegen, Verlesen etc. immer eine Absicht dessen, der sie ausführt, zugrunde liegt. Vorher hatte man diese Vorkommnisse ohne viel Nachdenken als Folgen von Zerstreutheit, Müdigkeit oder Zufällen aller Art erklärt. Aus der psychoanalytischen Untersuchung der Fehlhandlungen war hervorgegangen, dass man in der Regel nichts vergisst, was man nicht aus irgendeinem guten, aber einem selbst meist unbekannten Grund zu vergessen wünscht. Auch bei der Untersuchung der Erinnerungslücke für die Kindheit wollte die Psychoanalyse sich nicht mehr mit den gewöhnlichen Mitteln zur Erklärung zufrieden geben. Sie nahm an, dass eine so auffällige Erscheinung nicht ohne ein starkes Motiv zustande gekommen sein könnte. Gerade die Dunkelheit, die über der ersten Lebensperiode lag und die Schwierigkeiten, die sich allen Bemühungen zur direkten Aufhellung entgegenstellten, ließen sie vermuten, dass hier etwas Wichtiges verborgen lag. So würde ein Einbrecher aus einem besonders kunstvollen und schwer zu bewältigenden Sicherheitsschloss an einer eisernen Kasse schließen, dass seine Bemühungen sich hier lohnen werden; mit dem Verschluss von etwas Wertlosem hätte man sich kaum so viel Mühe gemacht.

Aber ich habe nicht die Absicht, Ihnen jetzt den Weg zu beschreiben, auf welchem die Psychoanalyse zu ihrem Ziele, der Wiederherstellung der Kindheitserinnerungen, gelangt ist. Die Schilderung der psychoanalytischen Methode selber würde viel mehr Zeit für sich in Anspruch nehmen als den heutigen Abend. Lassen Sie ein ausführlicheres Studium und eine Nachprüfung dieser Arbeitsweise für einen anderen Kurs. Für den heutigen Zusammenhang interessiert uns vor allem der Inhalt der ersten Kinderjahre, so wie es der Psychoanalyse gelungen ist, ihn zusammenzusetzen. Ich verrate Ihnen nur noch, dass sie dabei den Weg über die Deutung der schon erwähnten alltäglichen Fehlhandlungen und Träume der Gesunden sowie über die Deutung und Auflösung der Symptome der seelisch Erkrankten genommen hat.

Die psychoanalytische Rekonstruktion der Kinderjahre reicht bis in die erste Lebenszeit des Säuglings, in der das Kind nur im Besitz der bei der Geburt mitgebrachten, ererbten Eigenschaften ist, also bis zu dem Zustand, in dem wir irrtümlich gehofft hatten, es beim Eintritt in die Erziehungsinstitutionen zu finden. Von dieser Zeit ist wenig Rühmliches zu berichten. Der kleine Mensch, den wir vor uns haben, ist in allen Beziehungen einem kleinen neugeborenen Tier außerordentlich ähnlich; er ist nur in einer schlechteren Lage als das junge Tier. Die Tiere sind nur kurze Perioden, meist einige Wochen, von der Pflege des Muttertiers abhängig. Dann entwickeln sie sich zu selbstständigen Wesen, die ohne Fürsorge gedeihen können. Beim Menschenkind ist es anders. Es bleibt zumindest ein Jahr so vollständig von der Mutter abhängig, dass es in dem Augenblick zugrunde gehen würde, in dem sie ihre Fürsorge von ihm abzieht. Aber auch nach Überwindung dieses Säuglingsjahres hat es noch keine Selbstständigkeit erreicht. Es versteht noch nicht, sich Nahrung zu verschaffen, sich zu erhalten, zu schützen oder irgendwelche Gefahren abzuwehren. Wir wissen, es braucht fast eineinhalb Jahrzehnte, bis es den Schutz der Erwachsenen völlig entbehren kann und selber zum erwachsenen Individuum geworden ist.

Dieser Unterschied zwischen Mensch und Tier, die so lange ausgedehnte vollständige Abhängigkeit des Menschenkindes, bestimmt in der Folge sein Schicksal. Wenn zwischen ihm und der Vernichtung das ganze erste Lebensjahr hindurch nichts steht als die zärtliche Fürsorge der Mutter, so können wir uns nicht wundern, wenn die Erhaltung dieser Fürsorge eine ganz besondere Rolle zu spielen beginnt. Das kleine Kind fühlt sich geborgen, solange es die Mutter in der Nähe weiß, und äußert seine Hilflosigkeit in Angst, wenn sie sich von ihm entfernt. Es braucht die Mutter zur Befriedigung seines Nahrungsbedürfnisses, sie wird ihm eine Lebensnotwendigkeit. Aber die Beziehung zwischen Säugling und Mutter geht bald über das Maß hinaus, das wir uns mit dem Streben nach der Erhaltung seines Lebens erklären können. Wir merken, dass das Kind die Mutter auch herbeiwünscht, sich nach ihr sehnt, wenn es satt ist und wenn ihm keine besonderen Gefahren drohen. Wir sagen, es liebt die Mutter. In Erwiderung auf ihre zärtlich-liebevolle Fürsorge und Pflege hat sich in ihm eine Bindung an die Mutter hergestellt, die zwar noch der Richtung folgt, in die der Selbsterhaltungstrieb gewiesen hat, aber doch schon unabhängig von diesem Selbsterhaltungstrieb geworden ist und über ihn hinausgeht.

Das kleine Kind hätte aufgrund dieser zärtlichen Beziehung zur Mutter alle Möglichkeiten zu einer friedlichen körperlichen und seelischen Entwicklung. Es bliebe völlig zufrieden, wenn die Mutter nichts täte, als es zu ernähren, zu betreuen und zu lieben.

Hier ist der Punkt, an dem sich die Außenwelt zum ersten Mal störend in die Beziehung des Kindes zur Mutter einmischt. Das Kind, das das Säuglingsalter und das erste Lebensjahr hinter sich gelassen hat, macht plötzlich die Erfahrung, dass ihm die Mutter gar nicht allein gehört. Die Familie, von der es nur ein kleiner, nicht einmal sehr bedeutsamer Bestandteil ist, hat noch andere Mitglieder, Vater und Geschwister, deren Anwesenheit ihm jetzt erst zum Bewusstsein kommt, die sich aber alle ebenso wichtig vorkommen, wie es sich selbst vorkommt. Sie alle behaupten, auch ein Recht auf den Besitz der Mutter zu haben.

Das kleine Kind betrachtet die Geschwister begreiflicherweise als seine Feinde. Es ist eifersüchtig auf sie und wünscht sie fort, um den ursprünglichen, für es allein befriedigenden Zustand wieder herzustellen.

Sie können sich von dieser Eifersucht der kleinen Kinder durch die Beobachtung ihres Verhaltens etwa bei der Geburt eines Geschwisterchens leicht überzeugen. Ein kleines zweijähriges Mädchen, dem der Vater stolz das neugeborene Brüderchen zeigt und Freude und Bewunderung erwartet, fragt zum Beispiel: «Wann sterbt es wieder?» Eine Mutter erzählt mir, dass ihr dreijähriger Junge, wenn sie ihren Säugling an der Brust nährt, immer mit einem Stock oder einem andern spitzen Gegenstand bewaffnet, dazukommt, und sie alle Mühe hat, ihn von einer Beschädigung des kleinen Kindes abzuhalten. Diese Art von Beobachtungen lassen sich in die Unendlichkeit vervielfachen. Tatsächlich hört man auch von schweren Verletzungen, die zwei- oder dreijährige Kinder ihren jüngeren Geschwistern zufügen können, wenn man sie unvorsichtigerweise mit ihnen allein lässt.

Wir haben keine Ursache, die Eifersucht kleiner Kinder nicht ernst zu nehmen. Sie entstammt den gleichen Motiven wie die Eifersucht der Erwachsenen und bringt dem Kind das gleiche Maß an Leiden, das uns aus dem erwachsenen Leben bei der Störung der Beziehung zu einem geliebten Wesen durch unerwünschte Rivalen bekannt ist. Der einzige Unterschied ist, dass das Kind im Handeln beschränkter ist als der Erwachsene, also zur Erledigung seiner eifersüchtigen Gefühle ganz auf das Wünschen angewiesen bleibt: Es wünscht die störenden Geschwister fort, es möchte, dass sie tot sind. Zwischen Fortsein und Totsein besteht für das kleine Kind, das die Bedeutung des Todes noch gar nicht erfassen gelernt hat, vorläufig kein Unterschied.

Dieser Todeswunsch gegen die Geschwister ist für das Kind etwas durchaus Natürliches. Er ist umso heftiger, je mehr Wert das Kind auf den Besitz der Mutter gelegt hat. Dabei ist das Kind zuerst in seinen feindseligen Gefühlen völlig einheitlich. Ein Gefühlskonflikt entsteht erst dann in ihm, wenn es merkt, dass die Mutter, die ja die störenden Geschwister ihm unbegreiflicherweise liebt, von ihm verlangt, dass es diese bösen Wünsche aufgeben, sich friedlich mit ihnen in ihren Besitz teilen, ja sogar sie selber lieben soll. Von hier nehmen alle Schwierigkeiten in der Gefühlsbeziehung zwischen den Geschwistern ihren Ausgang. Sie wissen wahrscheinlich aus der Beobachtung an größeren Kindern, wie häufig die «Geschwisterliebe» nur eine Wunschvorstellung der Erwachsenen ist und wie weit die wirklichen Verhältnisse hinter dieser Vorstellung zurückbleiben. Es ist übrigens ein schöner Beweis für die Richtigkeit der hier geschilderten Verhältnisse, dass die Eifersucht zwischen den Geschwistern umso geringer ist, je weniger eng die Beziehungen zur Mutter sind. In den Proletarierfamilien, in denen die arbeitenden Mütter ihren Kindern viel weniger Fürsorge zuwenden können, ist auch der Entgang an Zärtlichkeit bei der Geburt jüngerer Geschwister ein entsprechend geringerer. Daher kommt es, dass wir unter Proletarierkindern unendlich mehr Liebe und Zuneigung unter Geschwistern finden als in den Familien des Mittelstands, wo jedes Kind für jedes andere in der Geschwisterreihe ein Rivale um einen sehr realen Besitz ist, und wo dementsprechend Hass und Eifersucht offen oder verborgen das Geschwisterverhältnis beherrschen. Aber dieser Widerstreit von Gefühlen, in dem sich das kleine Kind seinen Geschwistern gegenüber befindet, ist nur ein verhältnismäßig harmloses Vorspiel zu einem anderen viel gewaltigeren Gefühlskonflikt. Die Geschwister sind nicht die einzigen Konkurrenten, die ihm den Besitz der Mutter streitig machen. Wichtiger als sie ist der Vater. Nur spielt der Vater im Leben des kleinen Knaben eine doppelte Rolle. Der Knabe hasst ihn als Rivalen, wenn er sich als rechtmäßiger Besitzer der Mutter aufspielt, wenn er die Mutter wegnimmt, mit ihr fortgeht, sie wie sein Eigentum behandelt, darauf besteht, mit ihr allein zu schlafen. In allen anderen Beziehungen aber liebt und bewundert er ihn, rechnet auf seine Hilfe, glaubt an seine Stärke und Allmacht und kennt keinen größeren Wunsch, als ihm in der Zukunft gleich zu werden. So entsteht für den Knaben die unerhörte und fürs Erste unlösbare Schwierigkeit, dass er den gleichen Menschen zur gleichen Zeit liebt, bewundert, aber auch hasst und totwünscht. Bei der Beziehung zu den Geschwistern handelt es sich nur darum, die bösen Wünsche einzudämmen, um der Mutter zu gefallen. Hier aber steht zum ersten Mal ein Gefühl gegen das andere. Ich überlasse es Ihnen, sich die weiteren Schwierigkeiten selbst auszumalen, in die der kleine Knabe durch diesen Konflikt gestürzt wird: die Angst vor der Kraft seiner bösen Wünsche, vor der Rache des Vaters und dem Verlust seiner Liebe, die Störung aller Harmlosigkeit und Ruhe in der Beziehung zur Mutter, das böse Gewissen und die Todesängste. Ich werde an anderer Stelle noch mehr darüber zu erzählen haben.

Meine Damen und Herren, Sie finden vielleicht, dass es zwar interessant ist, diese Wege der Gefühlsentwicklung des kleinen Kindes zu verfolgen, dass Sie aber nicht wissen, welche Beziehung das zu ihrer eigenen Arbeit haben könnte. Die Kinder, mit denen Sie zu tun haben, sind viel größere und längst über die vollständige Abhängigkeit von der Mutter, die erste Eifersucht und alle Stürme der eben geschilderten ersten Lebensjahre hinausgekommen. Aber Sie irren. Was Sie im Hort oder in der Schule zu spüren bekommen, sind gerade die Folgeerscheinungen dieser Lebenszeit. Die Kinder, die Sie als die unverträglichen, asozialen, nie zufriedenzustellenden bezeichnen, haben nur die Schulkameraden an Stelle der Geschwister gesetzt und kämpfen hier mit ihnen die Konflikte aus, die sie im Elternhaus nicht zu Ende zu führen vermochten. Und die Halbwüchsigen, die bereit sind, auf jeden geringsten Autoritätsdruck, den Sie auf sie auszuüben versuchen, mit einer wilden Revolte zu reagieren, oder die so eingeschüchtert sind, dass sie Ihnen nicht einmal in die Augen zu sehen oder in der Klasse die Stimme zu erheben wagen, sind noch die gleichen kleinen Kinder, die den Todeswunsch gegen den Vater oder die strenge Unterdrückung solcher Wünsche mit der nachfolgenden Angst und Unterwerfung jetzt auf Sie übertragen haben. Sie bekommen hier die Erklärung für eine Erscheinung, die Sie zu Anfang erstaunt hat. Es ist wirklich so, dass schon die Sechsjährigen ihre fertigen Reaktionen mitbringen und an Ihnen nur wiederholen. Was Sie vor Ihren Augen sich abspielen sehen, sind wirklich nur die von Ihnen wenig beeinflussten Neuauflagen und Wiederholungen sehr alter Konflikte.

Ich erwarte noch einen zweiten Einwand von Ihrer Seite. Sie finden wahrscheinlich, dass die Familie, wie ich sie Ihnen soeben geschildert habe, gar nicht existiert, wenigstens nicht bei den meisten Kindern, mit denen Sie zu arbeiten haben. Sie finden sicher nicht so häufig eine Mutter, die ihren Kindern eine so liebevolle und dabei so gerecht verteilte Zärtlichkeit und Fürsorge zuwendet, oder einen Vater, der mit seiner Frau in so gutem Einvernehmen lebt und sich gleichzeitig dazu eignet, das Objekt der Liebe und Bewunderung des kleinen Sohnes zu werden. Das Bild ist gewöhnlich ein ganz anderes.

Aber ich habe bei dieser Schilderung einer Musterfamilie eine ganz bestimmte Absicht verfolgt. Ich wollte Ihnen vor Augen halten, in was für einer schwierigen Lage das Kind mit seinen widerstreitenden Gefühlen sich selbst unter den denkbar günstigsten äußeren Bedingungen befindet. Jede Verschlechterung der äußeren Verhältnisse, also jede Trübung in dem Bild der Musterfamilie, verschärft auch noch den Konflikt, der im Innern des Kindes vor sich geht.

Nehmen wir an, dass das Kind gar nicht von seiner eigenen Mutter aufgezogen wird, sondern in diesem wichtigsten ersten Lebensjahr von einem Kostplatz zum andern wandert oder von mehr oder weniger gleichgültigen, ständig wechselnden Pflegerinnen eines Heims betreut wird. Müssen wir nicht annehmen, dass das Fehlen der ersten wirklichen Gefühlsbindung einen großen Einfluss auf sein späteres Leben haben wird? Oder nehmen wir an, dass der Vater, den der Knabe sich zum Vorbild nimmt und dem er nachzugeraten versucht, ein Trinker oder ein Geisteskranker oder ein Verbrecher ist. Dann führt das Streben, so zu werden wie der Vater, das normalerweise eines der wichtigsten

Hilfsmittel der Erziehung ist, in diesem Fall zu dem direkten Untergang des Kindes. Wenn die Eltern getrennt leben und jeder Elternteil versucht, das Kind auf seine Seite zu ziehen und den anderen Teil als schuldig hinzustellen, dann leidet die ganze Gefühlsentwicklung des Kindes durch die Erschütterung seines Zutrauens unter seiner viel zu früh erweckten Kritik. Ich zitiere Ihnen hier den Ausspruch eines Achtjährigen, der vergebliche Anstrengungen macht, seine getrennt lebenden Eltern wieder zusammenzubringen. Er sagt: «Wenn der Vater die Mutter nicht liebt, dann liebt auch die Mutter den Vater nicht, dann können sie mich auch nicht gern haben, dann mag ich sie auch nicht; und dann taugt die ganze Familie nicht.» Die Konsequenz, die ein solches Kind aus der Lage der Dinge zieht, ist meist eine gefährliche. Es benimmt sich wie ein Angestellter in einem bankrotten Unternehmen, der das Zutrauen zu seinen Auftraggebern verloren hat und den darum die Arbeit nicht mehr freut. Auch das Kind stellt in solchen Fällen seine Arbeit, d.h. seine normale Entwicklung ein und reagiert auf die abnormen Verhältnisse in irgendeiner Weise abnorm.

Meine Damen und Herren, wir sind für heute zu Ende. Ich habe an Sie die Zumutung gestellt, sich die Ereignisse, die sich in den allerersten Kinderjahren der Menschen abspielen, so anzuhören, wie sie sich mit Hilfe der psychoanalytischen Methode rekonstruieren lassen. Ich weiß nicht, wie weit Ihnen die Einzelheiten glaubwürdig oder unwahrscheinlich erscheinen. Immerhin haben diese Funde der Psychoanalyse dazu beigetragen, die Aufmerksamkeit der Menschen im Allgemeinen auf die Bedeutung der allerersten Kindererlebnisse zu lenken. Der Vorfall, über den ich zum Abschluss berichte, kann Ihnen die praktischen Folgen solcher theoretischen Erwägungen vor Augen führen. Ein deutsches Gericht hatte vor kurzem in einem Scheidungsprozess ein Urteil zu fällen. Im Laufe des Prozesses war die Frage aufgeworfen worden, wem von den Eltern das zweijährige Kind zugesprochen werden sollte. Die Verteidigung des Mannes wies nach, dass die Frau durch eine Reihe von Eigenschaften nicht die richtige

Eignung zur Erziehung des Kindes besitze. Dagegen machte die Verteidigung der Frau geltend, dass das Kind erst im zweiten Lebensjahre stehe, dass also nur von Pflege und noch nicht von einer Erziehungsaufgabe die Rede sein könne. Zur Entscheidung des strittigen Punktes wurden Gutachten darüber eingeholt, von welchem Zeitpunkt an man mit der Erziehung eines Kindes zu rechnen hätte. Die zugezogenen Sachverständigen gehörten nur zum Teil der psychoanalytischen, zum anderen Teil offiziellen wissenschaftlichen Richtungen an. Die Gutachten aber lauteten einstimmig: *Die Erziehung eines Kindes beginnt mit dem ersten Lebenstag.*

Wir haben allen Grund, anzunehmen, dass sie *vor* den Funden der Psychoanalyse anders gelautet hätten.

Zweiter Vortrag:

Das infantile Triebleben

Meine Damen und Herren! Ich habe keine Sicherheit darüber, wie Sie die Ausführungen meiner letzten Kursstunde aufgenommen haben, aber ich getraue mich zu vermuten, dass Ihr Eindruck ein doppelter war. Sie meinen wahrscheinlich auf der einen Seite, dass ich lauter altbekannte Tatsachen mit viel überflüssigem Nachdruck vor Ihnen ausgebreitet habe; dass ich fälschlich annahm, wir wären noch in den Zeiten, in denen die Lehrer ihre Zöglinge als von den Familien losgetrennte Einzelwesen beurteilen. Dass ich vergaß, dass heute auch der jüngste unter Ihnen bei Schwierigkeiten, die sich einstellen, zuallererst an das häusliche Milieu des Kindes denkt, an die Möglichkeit einer ungünstigen Beeinflussung vonseiten der Eltern, an die Stellung des Kindes in der Geschwisterreihe, d.h. an die Wirkungen, welche die Rolle des ältesten, mittleren oder jüngsten Kindes mit sich bringt. Sie alle versuchen ständig, sich das Verhalten des Kindes in der Schule durch seine Behandlung im Elternhaus zu erklären. Die Zurückführung des kindlichen Charakters auf die Erlebnisse innerhalb der Familie war Ihnen also schon lange vor meinem Vortrag geläufig. – Auf der anderen Seite finden Sie, dass ich Ihnen diese einfachen Tatsachen in sehr übertriebener Weise dargestellt habe. Sie meinen, ich habe überall in die Gefühle und Handlungen des kleinen Kindes die entsprechenden Äußerungen des Erwachsenen hineingelegt und -gesehen und das kindliche Verhalten dann in Worten beschrieben, wie man sie sonst nur für die Bezeichnung des erwachsenen Benehmens verwendet. Auf diese Weise habe ich in meiner Schilderung die täglichen Reibereien des Kindes mit seinen Geschwistern in gefährliche Todeswünsche verwandelt und die harmlos zärtliche Beziehung des Knaben zu seiner Mutter in die Liebe eines Mannes, der eine Frau geschlechtlich begehrt. Ihnen erscheint es ganz natürlich, dass der Knabe, der im Zusammenleben mit dem Vater ständig dessen größere Macht zu spüren bekommt, sich den väterlichen Verboten und Einschränkungen seiner Freiheit nur unwillig fügt. In meiner Darstellung wird daraus ein Konflikt zwischen Sohn und Vater, wie ihn etwa Schiller in Don Carlos schildert. Sie hatten schon vorher mit Erstaunen berichten gehört, dass die Psychoanalyse sogar so weit geht, die Gefühlslage des kleinen Kindes mit der des Königs Ödipus der griechischen Sage zu vergleichen, der seinen Vater erschlägt und von seiner Mutter Besitz ergreift. So habe ich Ihnen durch meine Ausführungen nur bewiesen, dass die Vorurteile, die Sie bisher der Psychoanalyse entgegengebracht haben, nicht unbegründet waren, und habe sie in Ihnen zu einem Urteil aufgrund eigener Erfahrung verwandelt. Ich will auch vorläufig diesen Standpunkt, den die Psychoanalyse einnimmt, gar nicht mit Argumenten verteidigen. Ich bitte Sie nur, Ihr Urteil darüber noch eine Weile in der Schwebe zu lassen.

Kehren wir noch einmal zu der Entscheidung des deutschen Gerichts zurück, die, wie ich Ihnen angedeutet habe, mit der Meinung der Psychoanalyse übereinstimmt. Was haben wir uns unter einer solchen Erziehung vom ersten Lebenstag an vorzustellen, was gibt es an dem kleinen, noch tierähnlichen Wesen, von dessen seelischen Vorgängen man bisher so wenig gewusst hat, überhaupt zu erziehen, wo findet eine pädagogische Arbeit hier ihren Angriffspunkt? Nach der Schilderung, die ich Ihnen von dem Innenleben des Kindes und seinen Beziehungen zu den Menschen seiner Umgebung entworfen habe, könnte man meinen, die Antwort sei einfach: Aufgabe der Erziehung des Kleinkinds sei es, die bösen Wünsche, die sich gegen Geschwister und Vater und die Gelüste, die sich auf die Mutter richten, einzudämmen und von ihrer Verwirklichung abzuhalten.

Aber bei näherer Überlegung erscheint uns diese Definition der ersten Erziehung als unbefriedigend und etwas lächerlich. Das kleine Kind steht hilflos und ohnmächtig inmitten seiner erwachsenen Umgebung. Wir wissen, es wird nur durch die Freundlichkeit dieser Umgebung vor der Vernichtung bewahrt. Jeder Vergleich seiner Kräfte mit denen seiner Umwelt muss zu seinen Ungunsten ausfallen. Es hat also nicht die geringste Aussicht, seine gefährlichen Wünsche durchzusetzen. Wir hören zwar beim Jugendgericht oder in Kinderkliniken von Beispielen, in denen es Knaben tatsächlich gelungen ist, die Rolle des Vaters bei der Mutter in so vollem Umfang zu übernehmen, wie es ihrer körperlichen Entwicklung nach eben möglich war, oder in denen ein Mädchen vom eigenen Vater körperlich als Ehefrau gebraucht wird. In allen diesen Fällen ist es aber nie die Stärke und Energie des Kindes, die ihm die so ungewöhnliche Durchsetzung seiner Regungen ermöglicht, sondern das abnorme Verhalten des Erwachsenen, der sich zur Befriedigung seiner eigenen Gelüste nur des ihm entgegenkommenden kindlichen Wunsches bedient. Im praktischen Leben aber ist es meistens sehr viel wichtiger, das Kind vor dem Zorn des Vaters zu schützen, als den Vater vor der Aggression des Kindes.

Die Frage nach einer Definition der Erziehung in den ersten Lebensjahren bleibt also noch ungelöst und ohne rechten Inhalt. Vielleicht ergibt sich ein neuer Ausgangspunkt zur Beantwortung, wenn wir – wieder auf das Gerichtsurteil zurückgreifend – die beiden Begriffe der Kinderpflege und Kindererziehung zum Vergleich nebeneinanderstellen.

Eine Definition der Pflege macht uns keine Schwierigkeit. Die Kinderpflege besteht in der Erfüllung der Bedürfnisse des Kindes. Die Pflegerin stillt seinen Hunger, hält es rein – was vielleicht eher dem Verlangen der Erwachsenen als dem Bedürfnis des Kindes entspricht – sorgt für Ruhe und Wärme und bewahrt das Kind vor Schädigungen und Lebensgefahren. Sie leistet dem Kind also alles, was es braucht, ohne dafür eine Gegenleistung zu verlangen. Die Erziehung dagegen will immer irgendetwas von dem Kind.

Es würde mich weit über meine eigentliche Absicht hinausführen, wenn ich anfangen wollte, Ihnen die unzähligen der Vergangenheit und Gegenwart angehörigen Ziele der Erziehung zu schildern. Die Erzieher, das heißt diejenige erwachsene Umgebung, der das Kind angehört, wollen immer das aus ihm machen, was zu ihr passt, also je nach Zeit, Stand, Klasse, Partei etc. immer etwas anderes. Aber aus all diesen verschiedenen Zielen lässt sich etwas Gemeinsames herausheben. Die allgemeinste Absicht der Erziehung ist immer, aus dem Kind einen Erwachsenen zu machen, der sich von der umgebenden erwachsenen Welt nicht sehr unterscheidet. Damit wäre auch der Angriffspunkt für die Erziehung gegeben: Sie setzt überall dort ein, wo das Kind anders ist als der Erwachsene, also an der kindlichen Art. Unsere Antwort auf die Frage nach der ersten Erziehung müsste demnach lauten: Die Erziehung kämpft mit der Art des Kindes oder – wie der Erwachsene es zu nennen gewöhnt ist – mit seinen Unarten. Es wäre ein Irrtum, wenn ich mir eine Aufzählung der kindlichen Unarten hier ersparen wollte, in der Meinung, dass jeder Lehrer und Erzieher sie aus eigener Anschauung kennt. Was das Kind davon in die öffentlichen Erziehungsanstalten mitbringt, ist nur mehr ein schwacher Abglanz des Ursprünglichen. Eine wirkliche Schilderung dieser Eigenschaften ist nur bei den Personen zu holen, die sich ständig mit dem kleinen Kind, vom Säugling bis zum Fünfjährigen etwa, beschäftigen müssen. Wenn wir sie befragen, hören wir etwa das Folgende: Das Kind ist unerträglich rücksichtslos und selbstsüchtig; es liegt ihm nur daran, seinen eigenen Willen durchzusetzen und seine eigenen Wünsche zu befriedigen; es ist ihm gleichgültig, ob andere darunter leiden oder nicht. Es ist schmutzig und unappetitlich, es scheut sich nicht, auch das Ekelhafteste anzugreifen oder sogar zum Mund zu führen. Es ist schamlos, soweit es seinen eigenen Körper betrifft, und neugierig auf das, was andere vor ihm verbergen wollen. Es ist gefräßig und naschhaft. Es ist grausam gegen alle Lebewesen, die schwächer sind als es selber und voll Zerstörungslust gegen die leblosen Dinge. Es hat eine Fülle körperlicher

Unarten: Es lutscht an den Fingern, beißt an den Nägeln, bohrt in der Nase, spielt mit den Geschlechtsteilen. Und es betreibt alle diese Dinge mit der größten Leidenschaftlichkeit, drängt überall, wo es einen Wunsch spürt, mit Ungestüm auf die Erfüllung und empfindet den geringsten Aufschub als etwas Unerträgliches. Zwei Klagen in den Schilderungen der Eltern drängen sich immer wieder in den Vordergrund. Das Gefühl der Aussichtslosigkeit: dass man ihm kaum eine Eigenheit abgewöhnt habe, ehe schon wieder eine neue an ihre Stelle trete, und die ratlose Frage, wo das alles herkomme; von dem Beispiel der Eltern gewiss nicht; von verdorbenen Kindern aber habe man das eigene sorgfältig ferngehalten. Sie werden sagen, diese Aufzählung der kindlichen Eigenheiten sei eher eine Anklageschrift als eine objektive Schilderung. Aber die Erwachsenen haben sich der Eigenart der Kinder gegenüber auch niemals objektiv benommen. Die Erziehung steht der Beobachtung der Kinder seit Jahrhunderten etwa so gegenüber wie ein strenger Lehrer, der an die Aufklärung jedes Vorfalls unter seinen Schülern schon mit Ärger und Entrüstung herangeht. Es wird ihm nie gelingen, den Tatbestand aufzuhellen und die wirklichen Zusammenhänge der Begebenheiten zu erfahren, wenn er nicht lernt, die Verurteilung vorsichtig bis an das Ende seiner Untersuchung hinauszuschieben. Die «Unarten» der Kinder, wie sie die Eltern aufzählen, sind nur ein wirrer, ungeordneter Haufen von Eigentümlichkeiten. Man kann nichts mit ihnen anfangen, als sich über sie beklagen. Aber auch die Wissenschaft ist dem Kinde bisher nicht viel objektiver gegenübergestanden. Ihr Auskunftsmittel war es, alle jene Züge zu verleugnen, die ihr nicht in das Bild zu passen schienen, das sie sich, von anderen Voraussetzungen ausgehend, von dem Wesen des Kindes gemacht hatte. Erst die Psychoanalyse machte sich von den Urteilsfällungen, Voraussetzungen und Vorurteilen frei, mit denen man seit jeher an die Beurteilung des kindlichen Wesens herangetreten war. Dafür ordnete sich ihr überraschenderweise die bisher unverständlich gebliebene Sammlung von Unarten zu einem organischen Ganzen. Statt willkürlicher Sonderbarkeiten fand sie eine notwendige Aufeinanderfolge von Entwicklungsstufen, wie man sie beim Wachsen des menschlichen Körpers längst zu sehen gelernt hat. So fand sie auch die Antwort auf die beiden großen Klagen der Eltern. Die schnelle Ablösung der einen Unart durch irgendeine nächste, ihre Entstehung ohne Beeinflussung von außen her, waren keine Rätsel mehr, wenn diese Unarten eben keine beklagenswerten zufälligen Abnormitäten des Kindes vorstellen, sondern die natürlichen normalen Glieder in einer schicksalsmäßig bedingten Kette von Entwicklungen.

Der erste Fingerzeig für eine solche Ordnung der Erscheinungen war die Beobachtung, dass die Körperteile, an denen die kindlichen Unarten sich abspielen, nicht willkürlich gewählt sind, sondern eine von anderer Seite her bestimmte Reihenfolge einhalten. Sie erinnern sich vielleicht, dass wir im Zusammenhang der vorigen Kursstunde die Liebesbindung des Kindes an die Mutter von der ersten Ernährung und Pflege durch die Mutter abgeleitet haben. Die erste Unart des Kindes beginnt aus demselben Anlass und an derselben Stelle. In den ersten Lebenswochen spielt die Ernährung des Kindes die wichtigste Rolle in seinem Leben: Zu dieser Zeit ist der Mund und die ihn umgebende Zone für ihn der wichtigste Teil seines Körpers. Das Saugen an der Mutterbrust und das Einfließen der Nahrung in den Mund ist dem Kind angenehm, und der Wunsch nach der Fortsetzung und Wiederholung dieser lustvollen Empfindung bleibt in ihm bestehen, auch wenn es gesättigt ist. Es versteht bald, sie sich unabhängig von der Nahrungsaufnahme, auch unabhängig von der es Nährenden durch Saugen am eigenen Finger wieder zu verschaffen. Wir sagen, das Kind «lutscht». Sein Gesicht zeigt bei dieser Beschäftigung den gleichen befriedigten Ausdruck wie beim Saugen an der Brust, sodass man sich über das Motiv dieser Lutschtätigkeit niemals im Unklaren war. Man sieht: Das Kind lutscht zum Vergnügen. Der Lustgewinn am Saugen, der früher nur ein Nebengewinn bei der Nahrungsaufnahme war, hat sich selbstständig gemacht und ist zu einer vom Kind bevorzugten, von den Erwachsenen beanstandeten Tätigkeit, einer Unart des Kindes, geworden. Dabei beschränkt sich die lustbringende Tätigkeit des Mundes zu dieser Zeit gar nicht auf die Nahrungsaufnahme und das Lutschen. Das Kind benimmt sich, als wollte es die ganze ihm erreichbare Welt mit dem Mund kennenlernen. Es beißt, beleckt und kostet alle ihm erreichbaren Gegenstände, was die erwachsene Umwelt wegen der schwierigen Reinhaltung und der daraus entstehenden Gefahren für die Gesundheit des Kindes gewiss nicht zu seinen wünschenswerten Eigenschaften rechnet. Diese bevorzugte Rolle des Mundes als Quelle lustvoller Empfindungen erhält sich ungefähr das ganze erste Lebensjahr. Wenn Sie an unsere Aufzählung der «Anklagen» gegen das Kind zurückdenken, so werden Sie darin auch noch Unarten enthalten finden, die zwar hier ihren Ausgangspunkt haben, aber noch weit in das spätere Alter hineinreichen: ich meine die Naschhaftigkeit und die Gefräßigkeit.

Auch die nächste Körperzone, die in den Vordergrund tritt, um den Mund in seiner Bedeutung abzulösen, wird durch Erlebnisse von außen her mitbestimmt. Bisher hatte die erwachsene Welt sich dem Kind gegenüber sehr tolerant verhalten, sich tatsächlich fast ganz auf seine Pflege beschränkt und als einzige Ausnahme nur eine gewisse Gewöhnung an Ordnung und Regelmäßigkeit in Nahrungsaufnahme und Schlafzeiten gefordert. Jetzt tritt allmählich ein sehr wichtiger Faktor in das Leben des Kindes ein: die Erziehung zur Reinlichkeit. Die Mutter oder Pflegerin des Kindes bemüht sich, ihm das Nässen und Beschmutzen abzugewöhnen. Das Kind ist nicht leicht zu einer Beherrschung dieser Funktionen zu bringen, man könnte sagen, das ganze zweite Lebensjahr steht unter dem Zeichen dieser oft sehr energischen Bemühungen vonseiten der Erziehung.

Aber Sie meinen, man hätte wirklich kein Recht, dem Kind die lange Zeitdauer, die das Reinwerden in Anspruch nimmt, als Unart vorzuhalten. Seine Schließmuskeln seien eben noch nicht so weit entwickelt, dass es seinen Harn zurückhalten und seinen Stuhlgang regulieren kann. Das stimmt sicher für die erste Zeit der Reinlichkeitserziehung. Später wird der Eindruck ein anderer. Bei näherem Zusehen kommt man auf die Vermutung, dass das Kind nicht mehr unfähig ist, sich sauber zu halten, sondern dass es nur sein Recht darauf verteidigt, seinen Stuhl eben dann abzusetzen, wenn es ihm selber gefällt, und dass es sich überhaupt sein Besitzerrecht an diesem Erzeugnis seines eigenen Körpers nicht nehmen lassen will. Es zeigt ein auffälliges Interesse für seinen eigenen Kot; es versucht, ihn zu berühren, mit ihm zu spielen, ja, wenn es nicht rechtzeitig daran gehindert wird, ihn sogar in den Mund zu stecken. Auch hier können wir wieder aus seinem Gesichtsausdruck und dem Eifer, den es bei solcher Beschäftigung zeigt, ohne Schwierigkeit das Motiv der Tätigkeit erraten. Sie macht dem Kind offenbares Vergnügen, ist lustvoll. Diese Lust aber hat nichts mehr mit der Schwäche oder Stärkung der Schließmuskeln von Blase oder After zu tun. So wie der Säugling bei seiner Nahrungsaufnahme als Nebengewinn eine Lust an der Mundgegend verspürt hat, so zeigt sich hier als Nebengewinn bei der Exkretionstätigkeit eine Lust, die das Kind am After empfindet. Die Gegend um den After wird ihm zu dieser Zeit zur wichtigsten Körperzone. Wie es sich im Lutschen die Mundlust unabhängig von der Ernährung immer wieder selbst zu verschaffen versuchte, so versucht es hier durch das Zurückhalten des Kotes und durch Spielen an dieser Körpergegend das Gleiche. Und wenn es von der Erziehung ganz energisch daran gehindert wird, so gelingt es ihm doch wenigstens, in dem erlaubteren Spiel mit Sand, Wasser, Straßenkot oder in dem späteren «Schmieren» mit Farben die Erinnerung an das einmal sehr hoch geschätzte Vergnügen festzuhalten.

Die Anklagen der Erwachsenen gegen das Kind behaupten, dass es zu dieser Zeit schmutzig und unappetitlich ist. Gleichzeitig mit diesen Klagen aber war man immer geneigt, das Kind zu entschuldigen: Es sei eben noch klein und dumm, sein ästhetisches Gefühl eben noch nicht so fein ausgebildet, dass es den Unterschied zwischen sauber und schmutzig richtig verstehen könne, oder sein Geruchsinn noch zu ungeübt, um die richtigen Unterscheidungen zwischen Duft und Gestank zu treffen. Ich meine, die Beobachter des Kindes haben sich hier in einem von

Vorurteilen bedingten Irrtum befunden. Wer immer ein kleines Kind, etwa um das zweite Lebensjahr, aufmerksam beobachtet, wird merken müssen, dass seine Unterscheidung für Gerüche durchaus korrekt ist. Der Unterschied zum Erwachsenen liegt hier nur in der Wertung. Der Duft irgendeiner Blume, der den Erwachsenen begeistert, lässt das Kind gleichgültig, wenn man es nicht durch längere Zeit hindurch daran gewöhnt, an einer Blume riechend «Ah!» zu sagen. Was uns aber schlecht riecht, riecht dem Kind gut. Man kann es, wenn man will, zu seinen Unarten rechnen, dass Gestank ihm Vergnügen macht.

Eine Wiederholung dieser Verhältnisse finden wir auch noch bei anderen kindlichen Eigenheiten. Man spricht seit Jahrhunderten von der Grausamkeit des Kindes, ohne eine andere Erklärung dafür gefunden zu haben als den kindlichen Unverstand. Wenn ein Kind Käfern oder Fliegen die Beine und Flügel ausreißt, Vögel tötet oder martert, oder seine Zerstörungswut an Spielzeug oder Gebrauchsgegenständen auslässt, pflegte man das mit seinem Mangel an Einfühlungsvermögen in andere Lebewesen oder seinem geringen Verständnis für den Geldwert von Dingen zu entschuldigen. Auch hier lehrt unsere Beobachtung etwas anderes. Wir meinen, das Kind quält Tiere nicht darum, weil es nicht versteht, dass es ihnen einen Schmerz zufügt, sondern eben darum, weil es Schmerzen zufügen will und kleine, wehrlose Käfer dafür das geeignetste und ungefährlichste Objekt sind. Es zerstört Gegenstände, weil der praktische Wert eines solchen Dings gegen die Lust, die es bei der Zerstörung empfindet, überhaupt nicht in Betracht kommt. Das Motiv seines Handelns aber erraten wir wie beim Lutschen und wie bei der Beschäftigung mit Schmutzigem wieder aus seinem Gesichtsausdruck und dem Feuereifer, mit dem es seine Arbeit verfolgt. Es handelt auch hier zum Vergnügen. Nachdem die Reinlichkeitserziehung ihr Ziel vollkommen erreicht und das Kind trotz seines Widerstandes zur Beherrschung seiner Exkretionsvorgänge gebracht hat, verliert auch die Zone um den After an Bedeutung für den Lusterwerb. An ihre Stelle tritt eine andere, noch wichtigere. Das Kind fängt an, mit seinen Geschlechtsteilen zu spielen. Sein Wissensdrang richtet sich zu dieser Zeit auf die Entdeckung der Unterschiede zwischen seinem eigenen Körper und dem seiner Brüder, Schwestern oder Gespielen. Es hat Freude daran, gerade die Geschlechtsgegend anderen Kindern nackt zu zeigen und verlangt dann, zum Entgelt, auch sie zu sehen. Seine Fragelust, über die sich die Erwachsenen beklagen, hat im Grunde gerade diese Probleme, den Unterschied zwischen den Geschlechtern und die damit irgendwie dunkel in Zusammenhang gebrachte Herkunft der Kinder zum Inhalt. Aber der Höhepunkt, den die kindliche Entwicklung in vielen Beziehungen gerade zu dieser Zeit, dem vierten oder fünften Lebensjahr, erreicht, erscheint den erziehenden Erwachsenen auch als der Höhepunkt des Verdammenswerten.

Wir wissen, das Kind benimmt sich die ganze geschilderte Entwicklungszeit so, als gäbe es nichts Wichtigeres als die Ausnützung seiner Lustquellen und die Durchsetzung seiner Triebwünsche – die Erziehung so, als sei die Verhinderung dieser Absichten ihre wichtigste Aufgabe. Daraus entsteht ein unaufhörlicher, nie zur Ruhe kommender Kleinkampf zwischen Erziehung und Kind. Die Erziehung will die Freude am Schmutz durch den Ekel ersetzen, die Schamlosigkeit durch die Scham, die Grausamkeit durch das Mitleid, die Zerstörungswut durch die Schonung der Dinge. Die Neugier und das Hantieren am eigenen Körper sollen durch Verbote beseitigt werden, die Rücksichtslosigkeit in die Rücksicht, der Egoismus in den Altruismus verwandelt. Schritt für Schritt will die Erziehung das genaue Gegenteil von dem, was das Kind will, zu jedem Zeitpunkt erscheint ihr der Gegensatz zu der beim Kind vorgefundenen Triebregung als das Erwünschte. Für das Kind ist, wie wir gesehen haben, die Erwerbung von Lust das Hauptziel des Lebens; der Erwachsene will es lehren, die Anforderungen der Außenwelt wichtiger zu nehmen als diese innere Triebforderung. Das Kind ist ungeduldig, verträgt keinen Aufschub und arbeitet nur für den Augenblick; der Erwachsene lehrt, seine Triebbefriedigungen hinauszuschieben und für die Zukunft zu sorgen.

Es wird Ihnen aufgefallen sein, dass meine Schilderung keinen Wesensunterschied zwischen dem Lustgewinn etwa aus dem Lutschen und dem Spielen an den Geschlechtsteilen, also der Onanie, gemacht hat. Tatsächlich besteht für die Auffassung der Psychoanalyse ein solcher Unterschied nicht. Alle Lusthandlungen, die wir hier beschrieben haben, erstreben die Befriedigung von kindlichen Triebregungen. Die Psychoanalyse umschließt sie alle mit dem Begriff des Sexuellen, gleichgültig, ob sie sich an den eigentlichen Geschlechtsteilen, am Mund oder am After abspielen. Die Rolle, welche die Genitalgegend im vierten oder fünften Lebensjahr des Kindes spielt, ist keine andere als die des Mundes im ersten oder die des Afters im zweiten Lebensjahr. Die Genitalzone erscheint uns erst im Rückblick so unendlich bedeutungsvoller, wenn wir sie vom erwachsenen Geschlechtsleben aus betrachten, in dem sie zum ausführenden Organ des Sexuallebens geworden ist. Aber selbst dann behalten die Lustzonen der frühen Kindheit noch ein Stückchen Bedeutung. Die Lustgewinnung an ihnen dient der Vorbereitung und Einleitung des eigentlichen Geschlechtsaktes.

Dass die Körpergegenden, an denen das kleine Kind seine erste Lust gewinnt, eine wenn auch untergeordnete Rolle im erwachsenen Geschlechtsleben spielen, scheint Ihnen vielleicht nicht Grund genug, diese Zonen und die lustsuchende Tätigkeit des Kindes an ihnen genauso wie das Genitale und die Genitalbetätigung als sexuelle zu bezeichnen. Aber die Psychoanalyse rechtfertigt diese Einreihung auch noch durch einen anderen Umstand. Es gibt abnorme Fälle, in denen irgendeine der aufgezählten infantilen Triebbefriedigungen der Unterwerfung unter die genitale Zone widerstrebt und sich ins erwachsene Leben als die beherrschende fortsetzt. Sie macht also der Genitalzone ihre Rolle streitig und hält die Gewinnung von Sexuallust ausschließlich an sich geknüpft. Man bezeichnet solche Menschen als Perverse. Sie sind dadurch gekennzeichnet, dass sie in einer sehr wichtigen Seite ihres Lebens, in ihrer Sexualität, auf der Stufe des kleinen Kindes stecken geblieben oder möglicherweise irgendwann dorthin zurückgekehrt sind.

Das Verständnis dieser Abnormität im erwachsenen Sexualleben ermöglicht uns aber vielleicht ein erstes Verständnis dafür, warum die Erziehung die ganze infantile Entwicklung hindurch so eifrig bemüht ist, das Kind von der Befriedigung seiner Triebregungen abzuhalten. Die Entwicklungsphasen, die das Kind zu durchlaufen hat, sind nichts anderes als Stationen auf der Reise nach einem ganz bestimmt umschriebenen Ziel. Wenn einer dieser Aufenthalte gar zu verlockend erscheint, so besteht die Gefahr, dass das Kind anfängt, sich dort dauernd niederzulassen und die Weiterreise oder Weiterentwicklung zu verweigern. Lange vor jeder wissenschaftlichen Begründung dieser Auffassung haben die Erzieher aller Zeiten sich so benommen, als kennten sie diese Gefahr und sähen es als ihre Aufgabe an, das Kind durch seine Entwicklungsphasen hindurchzutreiben, ohne es jemals auf irgendeiner Stufe vor der Erreichung der letzten wirklich zur Befriedigung und zur Ruhe kommen zu lassen.

Die Mittel, die der Erziehung im Kampf mit dem Kind zur Verhinderung der so gefürchteten Lustgewinnung von jeher zur Verfügung gestanden sind, sind zweierlei Art. Man warnt das Kind etwa: Wenn du weiter lutschst, wird dir der Daumen abgeschnitten! – eine Drohung, die sämtliche Pflegepersonen und Bilderbücher (z.B. der Struwwelpeter) bei allen Gelegenheiten und in allen Variationen zu wiederholen gewohnt sind. Man macht also dem Kind Angst vor wirklicher Gewalt, vor der Beschädigung eines notwendigen und geschätzten Körperteils und versucht, es dadurch zu dem Verzicht auf eine Lust zu bringen. Oder man sagt: Wenn du das machst, kann ich dich nicht mehr lieb haben! Hier stellt man es vor die Möglichkeit eines Verlustes der Elternliebe. Beide Drohungen beziehen ihre Wirkung aus der Lage des Kindes, wie wir sie bereits das letzte Mal kennengelernt haben: seiner völligen Hilf- und Machtlosigkeit inmitten einer überstarken erwachsenen Welt und seiner ausschließlichen Liebesbindung an die Elternpersonen.

Beide Mittel sind gewöhnlich in gleicher Weise wirksam. Unter dem Druck so ungeheuerlicher Gefahren erlernt das Kind tatsächlich den Verzicht auf seine ursprünglichen Absichten. Anfangs heuchelt es nur eine Umwandlung seiner Einstellung aus Angst vor den Erwachsenen oder aus Liebe zu ihnen: Es beginnt, das, was ihm schön erscheint, als schlecht, was ihm unlustvoll ist, als schön und gut zu bezeichnen. Mit seiner weiter fortschreitenden Angleichung an die Erwachsenen übernimmt es ihre Wertungen dann auch in Wirklichkeit. Es fängt an zu vergessen, dass es irgendwann einmal anders gefühlt hat, und es verneint allmählich alles, was es im Anfang gewollt hat, verlegt sich den Rückweg zu dem früher Genossenen durch Verkehrung der an die alte Lust geknüpften Gefühle in ihr Gegenteil. Je vollständiger ihm diese Umwandlung gelingt, desto zufriedener sind auch die Erwachsenen mit ihrer Erziehungsarbeit.

Die Verzichtleistung auf die Lustgewinnung aus den infantilen Triebregungen, die man dem Kind aufnötigt, hat zwei bedeutsame Folgen für seine seelische Entwicklung. Es wendet die Forderung, unter deren Druck es gestanden hat, jetzt unnachsichtig gegen die gesamte Außenwelt, d.h. es wird für sein ganzes späteres Leben intolerant gegen alle jene, die nicht das Gleiche zustande gebracht haben und sich noch den Lusterwerb aus einer dieser Quellen gestatten. Die moralische Entrüstung, die es bei solchen Gelegenheiten aufbringt, ist uns ein Maß für die Arbeitsleistung, die es selber bei der Bewältigung seines kindlichen Trieblebens zu vollbringen gehabt hat.

Gleichzeitig mit der Abwendung seiner Erinnerung von seinen einmal so geschätzten Lusterlebnissen, stößt es aber auch die ganze damit verknüpfte Lebenszeit mit den zu ihr gehörigen Gefühlen und Erlebnissen aus seinem Gedächtnis. Es vergisst seine Vergangenheit, die ihm jetzt in der Rückerinnerung nur unwürdig und abstoßend erscheinen kann. Damit erwirbt es sich aber gerade jene Erinnerungslücke, jene Undurchdringlichkeit und Unzugänglichkeit der ersten wichtigsten Kindheitserlebnisse, die uns das vorige Mal beim ersten Zusammentreffen mit ihr so besonders befremdet hat.

Dritter Vortrag:

Die Latenzperiode

Meine Damen und Herren! Ich habe Sie jetzt zwei Abende lang von dem Gebiet Ihrer eigentlichen Interessen ferngehalten. Ich habe Ihre Aufmerksamkeit für die Gefühlslage und die Triebentwicklung des ganz kleinen Kindes in Anspruch genommen, also für ein Thema, von dem Sie wahrscheinlich meinen, dass es nur für Mütter, für Kinderpflegerinnen oder höchstens noch für Kindergärtnerinnen praktische Bedeutung haben könnte. Ich möchte nicht, dass Sie aus meiner Wahl des Stoffes auf eine Geringschätzung für die Probleme schließen, die sich Ihnen bei Ihrer Arbeit mit größeren Kindern ergeben. Aber meine Absicht war, Ihnen in dem Zusammenhang dieses Kurses eine Anzahl von Grundbegriffen der Psychoanalyse nahezubringen; und um sie lebendig vor Ihnen zu entwickeln, bedurfte ich eines ganz bestimmten Materials, das eben nur die ersten Lebensjahre des Kindes zu bieten hatten.

Prüfen wir, um den großen Umweg, den ich Sie geführt habe, nachträglich zu rechtfertigen, was Sie mit dem bisher Gehörten schon von der Theorie der Psychoanalyse erfahren haben.

Sie sind vor allem gleich im Anfang meiner Mitteilungen auf die Behauptung gestoßen, dass die Menschen nur einen Bruchteil ihres eigenen Innenlebens kennen und von einer großen Anzahl von Gefühlen und Gedanken, die sich in ihnen abspielen, nichts wissen; das heißt, dass alle diese Vorgänge ohne Kenntnisnahme ihres Bewusstseins *unbewusst* vor sich gehen. Sie waren versucht, einzuwenden, dass man bescheiden sein müsse; bei der ungeheuren Menge der von innen und außen andrängenden Reize, die der Mensch aufnimmt und verarbeitet, sei es gar nicht möglich, alles bewusst zu halten, es müsse genügen, wenn man nur das Wichtigste von sich wüsste. Aber das Beispiel der großen Erinnerungslücke, in der die Kinderjahre jedes Einzelnen versunken sind, musste Sie in dieser Auffassung erschüttern. Sie hat Ihnen bewiesen, dass die Wichtigkeit eines Erlebnisses seine Fortdauer in unserem Gedächtnis noch nicht verbürgt, ja, dass sich ganz regelmäßig gerade die bedeutungsvollsten Eindrücke der Erinnerung entziehen. Dazu kam die Erfahrung, dass dieser untergegangene Anteil der Innenwelt die unheimliche Eigenschaft hat, mit dem Schwinden aus dem Gedächtnis seine Wirkungskraft nicht zu verlieren; dass er einen bestimmenden Einfluss auf das Leben des Kindes ausübt, seine Beziehungen zu den ihm nahestehenden Menschen formt und sich in seinem täglichen Verhalten zum Ausdruck bringt. Diese doppelte, allen Ihren bisherigen Erwartungen widersprechende Charakteristik der Kindheitserlebnisse, ihr Versinken ins Dunkel bei Beibehaltung aller Einflusskraft hat Ihnen eine gute Vorstellung vom Begriff des *Unbewussten* in der Psychoanalyse geben können.

Sie haben ferner gelernt, auf welchem Wege das Vergessen wichtiger Eindrücke zustande kommen kann. Das Kind wäre vielleicht sehr geneigt, seine ersten, von ihm sehr geschätzten Wunschregungen und Triebbefriedigungen in gutem Angedenken zu behalten. Es folgt einem Druck von außen, wenn es sich von ihnen abwendet, sie mit einem Kraftaufwand von sich wegstößt, schließlich gar nichts mehr von ihnen wissen will. Wir sagen: Es *verdrängt* sie.

Sie haben weiter erfahren, dass die Erziehung sich mit dieser Erreichung der Verdrängungsleistung beim Kinde noch nicht zufrieden gibt. Sie hat offenbar Angst, die so mühsam beseitigten Eigenschaften könnten bei einem geeigneten Anlass aus der Versenkung wieder auftauchen. Sie begnügt sich also nicht damit, dem Kinde das, was sie als schlecht beurteilt, abzugewöhnen, sondern ist bemüht, der so gefürchteten Wiederkehr des Verdrängten überall einen Riegel vorzuschieben. So entsteht die Verkehrung der ursprünglichen Gefühle und Eigenschaften in ihr Gegenteil, wie ich sie Ihnen weiter oben schon geschildert habe. Nehmen Sie an, ein kleines, etwa zweijähriges Kind hätte den Drang, seinen eigenen Kot in den Mund zu stecken. Es erlernt unter dem Druck der Erziehung nicht nur die Abwendung von dem jetzt als schmutzig Erkannten und den Verzicht auf seinen anfänglichen Wunsch, sondern auch noch den Ekel. Das heißt, es bekommt bei der Beschäftigung mit den Exkrementen jetzt einen Brechreiz, den Wunsch, etwas auszuspucken, der offenbar die Antwort auf die ursprüngliche Absicht ist, etwas in den Mund zu nehmen. Die Verwendung seines Mundes zu einer solchen Handlung wird ihm durch die Ekelempfindung unmöglich gemacht. Die Psychoanalyse nennt eine solche später erworbene Eigenschaft, die im Kampf und als Reaktion gegen eine infantile Triebregung entstanden ist, eine *Reaktionsbildung*. Wenn wir an einem Kind in späteren Jahren ein besonders starkes Mitleid, eine besondere Schamhaftigkeit oder eine besonders leicht hervorzurufende Ekelreaktion feststellen können, so dürfen wir schließen, es sei in der ersten Kindheitsperiode ganz besonders grausam, schamlos oder schmutzig gewesen. Die Stärke seiner Reaktionsbildungen ist ihm notwendig, um einen Rückfall in die früheren Gewohnheiten unmöglich zu machen.

Die Verkehrung ins Gegenteil in Form einer Reaktionsbildung ist aber nur eine der Arten, wie das Kind sich einer Eigenschaft entledigen kann. Eine andere Art ist die Umarbeitung einer unerwünschten Betätigung in eine erwünschtere. Auch dafür habe ich Ihnen schon ein Beispiel angeführt. Das kleine Kind, das sich gern mit seinem eigenen Schmutz beschäftigt, muss nicht unbedingt vollständigen Verzicht auf dieses Vergnügen leisten, um der Verurteilung durch seine Erzieher zu entgehen. Es kann sich eine Ersatzlust suchen, indem es zum Beispiel das Spiel mit Urin und Kot durch das Spielen mit Sand und Wasser ersetzt und je nach den Gelegenheiten, die sich ihm bieten, in einer Sandkiste Bauten aufführt, im Garten Beete umgräbt oder Kanäle anlegt oder, wie es kleine Mädchen tun, seine Puppenwäsche waschen lernt. Die Freude am Schmieren lässt sich, wie auch schon angedeutet, im Malen mit Farben und Buntstiften fortsetzen. Bei jeder dieser sozial durchaus gestatteten, oft nützlichen Tätigkeiten genießt das Kind ein Stück von der ursprünglich verspürten Lust. Für eine solche Verfeinerung einer Triebregung, ihre Ablenkung auf ein von der Erziehung höher gewertetes Ziel hat die Psychoanalyse den Namen *Sublimierung* gefunden.

Sie können aber den beiden bisherigen Vorträgen noch mehr entnehmen als die Definition einiger Grundbegriffe der Psychoanalyse. Sie haben erfahren, dass es bestimmte Zusammenhänge von Vorstellungen, Vorstellungskreise oder -komplexe gibt, die im Gefühlsleben des Kindes eine hervorragende Rolle spielen. Sie beherrschen gewisse Lebensjahre, verfallen dann der Verdrängung und sind im Bewusstsein des Erwachsenen nicht mehr ohne Weiteres aufzufinden. Ein solcher Vorstellungskreis ist die Beziehung des kleinen Kindes zu den Elternpersonen. Die Psychoanalyse hat, wie Sie gehört haben, hinter dieser Beziehung dieselben Motive und Wünsche entdeckt, die den Taten des Königs Ödipus zugrunde liegen und ihm den Namen *Ödipuskomplex* gegeben. Ein anderer solcher Vorstellungskreis ist die Wirkung der Drohungen, mit denen die Erziehung das Kind ihren Wünschen gefügig macht. Da es der – wenn auch oft nur angedeutete – Inhalt dieser Drohungen ist, dem Kind einen wichtigen Körperteil, die Hand, die Zunge, das Glied abzuschneiden, hat dieser Komplex in der Psychoanalyse die Bezeichnung *Kastrationskomplex* bekommen.

Sie haben ferner schon in meinen allerersten Mitteilungen Bekanntschaft mit der Tatsache gemacht, dass die Art, wie das Kind diese frühesten Komplexe, besonders seine Elternbeziehung, durchlebt, zum Vorbild für alles spätere Erleben wird. Es besteht ein Drang in ihm, die Form, in der es zu dieser Lebenszeit Liebe und Hass, Auflehnung und Unterwerfung, Untreue und Anhänglichkeit zum ersten Mal erlebt hat, in späteren Jahren zwangsweise immer wieder zur Wiederholung zu bringen. Es ist nicht gleichgültig für das spätere Leben des Kindes, dass es von innen her genötigt ist, seine Liebesbeziehungen, seine Freunde und sogar seine berufliche Umwelt so zu wählen, dass sie ihm eine möglichst unveränderte Neuauflage seiner zu dieser Zeit schon untergegangenen Kindheitserlebnisse ermöglichen. Wir sagen, wie Sie es an dem Beispiel der Beziehung des Schulkinds zu seinen Lehrern gesehen haben, das Kind *überträgt* seine Gefühlseinstellung aus der Vergangenheit auf eine Person der Gegenwart. Es ist selbstverständlich, dass es dabei diese Gegenwart sehr oft missverstehen, umdeuten und ihr auf alle möglichen Arten Gewalt antun muss, um eine solche Gefühlsübertragung überhaupt möglich zu machen.

Schließlich haben Sie in meiner Schilderung der kindlichen Triebentwicklung eine Bestätigung der oft gehörten Behauptung gefunden, dass die Psychoanalyse den Begriff des Geschlechtlichen über alle bisher üblichen Grenzen erweitere und eine Reihe von kindlichen Betätigungen als sexuell bezeichne, die bisher als völlig harmlos und dem Sexuellen fernstehend betrachtet worden waren. Im Gegensatz zu allen Ihnen bisher bekannten Lehren behauptet die Psychoanalyse, dass der Sexualtrieb des Menschen nicht plötzlich zwischen dem dreizehnten und fünfzehnten Lebensjahr des Menschen, in der Pubertät, erwacht, sondern am Anfang aller Entwicklung schon im Kind wirksam ist, sich allmählich von einer Form zur anderen umbildet, und von einer Stufe zur anderen fortschreitet, bis schließlich das erwachsene Sexualleben das Endergebnis dieser langen Entwicklungsreihe wird. Die Energie, mit der der Sexualtrieb in allen diesen Phasen arbeitet, ist ihrer Art nach immer die gleiche und zu den verschiedenen Zeiten nur dem Maß nach verschieden. Die Psychoanalyse hat ihr den Namen *Libido* beigelegt. Die Lehre von der kindlichen Triebentwicklung ist das wichtigste Stück der neuen psychoanalytischen Wissenschaft, gleichzeitig jenes Stück, das der Psychoanalyse von Anfang an die meisten Feinde verschafft hat und wohl auch der Grund war, dass viele von Ihnen sich bisher ängstlich von den analytischen Lehren ferngehalten haben.

Meine Damen und Herren, ich meine, Sie können mit dem Ergebnis des Überblicks über Ihre bisher erworbene theoretische Kenntnis der Psychoanalyse zufrieden sein. Sie haben eine Anzahl der wichtigsten psychoanalytischen Grundbegriffe mit den in der Psychoanalyse dafür üblichen Bezeichnungen kennengelernt: den Begriff des Unbewussten, der Verdrängung, der Reaktionsbildung und Sublimierung; den Vorgang der Übertragung; den Ödipuskomplex und den Kastrationskomplex; den Libidobegriff und die Lehre von der infantilen Sexualentwicklung. Vielleicht werden diese neuerarbeiteten Vorstellungen uns bei der weiteren Arbeit, der Untersuchung der nächsten Lebensperiode des Kindes, ausgiebig zu Hilfe kommen.

Wir nehmen die Schilderung des Kindes dort wieder auf, wo wir sie in unserer letzten Besprechung verlassen haben: im fünften oder sechsten Lebensjahr, also in dem Zeitpunkt, in dem das Kind den öffentlichen Erziehungsinstitutionen übergeben wird und sich damit gleichzeitig das Anrecht auf Ihr volles Interesse erwirbt.

Überprüfen wir im Lichte des inzwischen Gelernten die anfangs den Kindergärtnerinnen und Lehrern in den Mund gelegte Klage, dass die kleinen Kinder schon als fertige Menschen in ihre Hände gelangen. Wir können jetzt den Lehrern die Richtigkeit dieses Eindrucks aus unserer Kenntnis der inneren Verhältnisse des Kindes voll bestätigen. Das kleine Kind hat, wenn es Schule oder Kindergarten zum ersten Mal betritt, schon eine Menge von schwerwiegenden Gefühlserlebnissen hinter sich. Es hat eine Einschränkung seines ursprünglichen Egoismus durch die Liebe zu einer bestimmten Person durchgemacht, den stürmischen Wunsch nach dem Besitz des geliebten Menschen, die Verteidigung seiner Rechte durch Todeswünsche und Ausbrüche von Eifersucht.

Es hat an der Beziehung zum Vater Gefühle wie Respekt und Bewunderung kennengelernt, die quälenden Gefühle der Konkurrenz mit einem stärkeren Nebenbuhler, das Gefühl der Ohnmacht und den niederdrückenden Eindruck einer Liebesenttäuschung. Es hat zu dieser Zeit außerdem schon eine komplizierte Triebentwicklung durchlaufen und erfahren, wie schwer es ist, sich einem Stück der eigenen Person feindlich gegenüberstellen zu müssen. Es hat unter dem Druck der Erziehung schwere Ängste ausgestanden und ungeheure Änderungen an sich vollzogen. Es ist, mit dieser Vergangenheit belastet, alles eher als ein unbeschriebenes Blatt. Und die Verwandlung, die mit ihm vorgegangen ist, ist wirklich eine überraschende. Aus dem tierähnlichen, unselbstständigen, für die Umgebung fast unerträglichen Wesen ist ein mehr oder weniger vernünftiger Mensch geworden. Das Schulkind, das in seine Klasse eintritt, ist darauf vorbereitet, dass es hier nur eines unter vielen ist und nicht von vornherein auf eine Vorzugsstellung rechnen kann. Es hat ein Stück sozialer Einfügung erlernt. Statt wie früher ständig auf die Suche nach Befriedigungen auszugehen, ist es bereit, zu leisten, was von ihm verlangt wird und seine Vergnügungen in bestimmte dafür freigelassene Zeiten zusammenzudrängen. Sein Interesse, alles zu sehen und die intimen Geheimnisse seiner Umgebung aufzuspüren, hat sich in Wissbegierde und Lernlust umgewandelt. An Stelle der Enthüllungen und Aufklärungen, die es früher ersehnt hat, ist es willig, jetzt die Kenntnis von Buchstaben und Zahlen in sich aufzunehmen.

Die Horterzieher unter Ihnen finden wahrscheinlich, dass ich die Artigkeit des Kindes in zu leuchtenden Farben beschreibe, so wie ich in der letzten Besprechung seine Unarten zu schwarz gemalt habe. So brave Kinder, meinen Sie, sind Ihnen nicht begegnet. Aber Sie dürfen nicht vergessen, dass die Kinderhorte, wie sie heute geführt werden, nur Fälle bekommen, bei denen die früheste Erziehung aus irgendeinem inneren oder äußeren Grund nicht völlig gelungen ist. Die Lehrer der normalen Schule dagegen werden viele ihrer kleinen Schüler in meiner Schilderung ohne den Vorwurf der Übertreibung wiedererkennen.

Das wäre aber wirklich ein großartiger Beweis für die Leistungsmöglichkeiten und die Wirkungskraft der Erziehungsarbeit. Die Eltern, denen man das Verdienst der frühesten Erziehung im Allgemeinen zuschreiben muss, haben alles Recht, sich etwas einzubilden, wenn es ihnen gelungen ist, aus dem schreienden, störenden, schmutzigen Säugling ein gesittet in seiner Bank sitzendes Schulkind zu machen. Es gibt nicht viele Gebiete auf der Welt, auf denen ähnliche Umwandlungen zustande gebracht werden.

Aber wir würden die Arbeit, welche die Eltern da geleistet haben, noch uneingeschränkter bewundern, wenn sich uns nicht bei der Beurteilung ihres Ergebnisses zwei Überlegungen aufdrängen würden. Die eine dieser Überlegungen entstammt der Beobachtung. Wer Gelegenheit hat, mit drei- bis vierjährigen Kindern zu verkehren oder zu spielen, der ist überrascht von dem Reichtum ihrer Fantasie, der Größe ihres Gesichtskreises, der Klarheit ihres Verstands und der unerbittlichen Logik ihrer Fragen und Schlussfolgerungen. Die gleichen Kinder im Schulalter werden dem Erwachsenen im näheren Umgang eher einfältig, flach und wenig interessant erscheinen. Man fragt erstaunt, wo die Gescheitheit und die Originalität des Kindes eigentlich hingeraten. Die Psychoanalyse verrät uns, dass diese Gaben des Kindes den Anforderungen, die man an es gestellt hat, nicht standgehalten haben; sie sind nach Ablauf seiner ersten fünf Lebensjahre so gut wie untergegangen. Es ist offenbar nicht so ungefährlich, Kinder zur Bravheit zu erziehen. Die Verdrängungen, die dazu nötig sind, die Reaktionsbildungen und Sublimierungen, die aufgebaut werden müssen, werden mit einem ganz bestimmten Preis bezahlt. Man opfert für sie die Ursprünglichkeit des Kindes gleichzeitig mit großen Stücken seiner Energien und Begabungen. Wenn uns die größeren Kinder im Vergleich mit dem Kleinkind als beschränkt und inaktiv erscheinen, so ist der Eindruck ein durchaus richtiger. Die Einschränkungen, die man ihrem Denken auferlegt und die Hemmnisse, die man ihren ursprünglichen Betätigungen in den Weg gestellt hat, äußern sich in der Folge als Beschränktheit ihres Denkens und Hemmung ihrer Handlungsfähigkeit.

Wenn aber die Eltern in dieser Beziehung auf ihre Erfolge nicht gar zu stolz zu sein brauchen, so ist ihr Verdienst auch in einer zweiten Richtung nicht vor Anzweiflungen sicher. Wir haben nämlich gar keine Garantien dafür, ob die Bravheit des größeren Kindes eine Leistung der Erziehung oder einfach das Endergebnis eines Entwicklungsablaufs ist. Wir haben noch keine Anhaltspunkte, um zu entscheiden, was geschehen würde, wenn man die kleinen Kinder in Ruhe sich entwickeln ließe, ob sie einfach als kleine Wilde aufwachsen oder ob sie ohne äußere Hilfe von selbst eine Stufenleiter von Veränderungen durchlaufen würden. Die Erziehung beeinflusst das Kind offenbar sehr energisch in verschiedenen Richtungen. Aber die Frage bleibt offen, was geschehen würde, wenn die erwachsene Umgebung eines Kindes sich einmal jeder Aktivität ihm gegenüber enthielte.

Von psychoanalytischer Seite ist zur Klärung dieser Frage ein wichtiger, leider nicht zu Ende geführter Versuch unternommen worden. Die russische Analytikerin, Frau Vera Schmidt, gründete im Jahre 1921 in Moskau ein Kinderheim für 30 Kinder vom ersten bis zum fünften Lebensjahr. Der Name *Kinderheim-Laboratorium,* den sie ihm beilegte, kennzeichnete dieses Institut als eine Art wissenschaftlicher Versuchsstation. Ihre Absicht war, diese kleine Gruppe von Kindern mit wissenschaftlich geschulten Erzieherinnen zu umgeben, die darauf eingestellt waren, die verschiedenen Gefühls- und Triebäußerungen des Kindes ruhig zu beobachten und bei den sich vollziehenden Veränderungen zwar helfend und anregend, aber so wenig wie möglich hemmend einzugreifen. Auf solche Weise sollte sich allmählich feststellen lassen, ob die verschiedenen Phasen, die einander im Laufe der ersten Lebensjahre des Kindes ablösen, auch ohne direkte erzieherische Einwirkung spontan auftreten und wieder verschwinden und ob das Kind, auch ohne dazu gezwungen zu werden, seine Lustbetätigungen und Lustquellen nach Ablauf gewisser Perioden aufgeben und gegen neue eintauschen würde.

Das Kinderheim-Laboratorium der Frau Vera Schmidt konnte wegen äußerer Schwierigkeiten nicht lange genug erhalten werden, um bei mehr als einem einzigen Kind den neuartigen Erziehungsversuch wirklich zu Ende zu führen. Die Frage, wie viel Verdienst an der Veränderung des kleinen Kindes wir ausschließlich der ersten Erziehung zuzuschreiben haben, bleibt also ungelöst, bis es möglich werden sollte, einen neuerlichen Versuch unter günstigeren Umständen zu unternehmen.

Ob wir diese Erscheinung aber auf Rechnung der Elternerziehung zu setzen oder einfach als notwendige Eigenschaft der betreffenden Altersstufe anzusehen haben, die Beobachtung lehrt uns jedenfalls, dass im fünften oder sechsten Lebensjahr des Kindes die übermächtige Stärke der infantilen Triebregungen langsam abflaut. Der Höhepunkt von stürmischen Gefühlsäußerungen und drängenden Triebwünschen ist mit dem vierten oder fünften Lebensjahr schon überschritten, das Kind kommt allmählich zu einer Art von Ruhe. Es sieht aus, als hätte es einen starken Anlauf genommen, um in einem Zuge völlig erwachsen zu werden, so wie das Tier sich ohne Unterbrechung von der Geburt bis zur Geschlechtsreife entwickelt und damit seine Veränderungsmöglichkeiten abschließt. Das Kind verhält sich anders, es bleibt im fünften oder sechsten Lebensjahr plötzlich in seiner Triebentwicklung stehen, ohne sie zu einem endgültigen Abschluss gebracht zu haben. Es verliert das Interesse an den Triebbefriedigungen, das uns an dem kleinen Kind anfänglich so befremdet hat. Es beginnt eigentlich erst jetzt, dem Bild des braven Kindes, wie es bisher nur in der Wunschvorstellung der Erwachsenen gelebt hat, ähnlich zu werden.

Aber die Triebregungen, die das Kind bisher zu allen Arten von Befriedigungshandlungen veranlasst hatten, sind nicht zugrunde gegangen, sie machen sich nur nach außen hin wenig bemerkbar, sie sind latent, schlafen im Kinde, um erst nach einer Reihe von Jahren wieder mit verstärkten Energien aufzuwachen. Die Pubertät, die man so lange als die Entstehungszeit des Geschlechtstriebs betrachtet hatte, ist also nichts anderes als ein zweiter Ansatz zu einer bei der Geburt begonnenen, am Ende der ersten Kindheitsperiode steckengebliebenen, jetzt erst zu Ende geführten Entwicklung. Verfolgen wir das Aufwachsen eines Kindes von dieser ersten Kindheitsperiode an über die ruhige Zeit –

die *Latenzperiode,* wie wir sie in der Psychoanalyse nennen –, bis in die Pubertät, so werden wir finden, dass es neue Auflagen aller seiner alten, inzwischen zur Ruhe gekommenen Schwierigkeiten wieder erlebt. Diejenige Gefühlsbeziehung, die ihm als Kleinkind besondere Konflikte bereitet hatte, etwa die Rivalität mit dem Vater, oder die besonders mühsame Verdrängung einer verpönten Befriedigung, vielleicht der Liebe zum Schmutz, wird ihm in der Pubertät im neuen Aufflammen zum besonderen Anstoß. Die erste Lebensperiode des Kindes zeigt also oft bis ins Kleinste weitgehende Ähnlichkeiten mit der Zeit der Pubertät. Dagegen gleicht das Kind in der ruhigeren Latenzperiode in vielen Stücken schon einem nüchternen, gesetzten Erwachsenen.

Auch hier wieder hat die Erziehung seit jeher sich so verhalten, als wäre sie von einem guten psychologischen Verständnis für die innere Situation des Kindes geleitet gewesen. Sie nützt die Latenzperiode, in der das Kind nicht mehr ausschließlich von seinen inneren Konflikten in Anspruch genommen und von seinen Trieben weit mehr in Ruhe gelassen wird, aus, um mit der Erziehung seines Intellekts zu beginnen. Die Schullehrer haben sich seit Anfang aller Zeiten so benommen, als verstünden sie, dass das Kind umso lernfähiger ist, je triebärmer es in dieser Periode ist, und haben gerade darum jede Triebäußerung oder Befriedigungshandlung eines Kindes in der Schule auf das Schärfste verurteilt und unnachsichtig verfolgt. An dieser Stelle teilen sich auch die Aufgaben von Schule und Hort. Die Absicht der Schule ist vor allem der Unterricht, das heißt die Ausbildung des Verstandes, die Übermittlung von neuen Vorstellungen, von Kenntnissen und geistigen Fähigkeiten. Die Horterziehung dagegen hat die Aufgabe, nachzuholen, was in der Frühzeit des Kindes etwa an Trieberziehung unvollendet geblieben ist. Die Horterzieher wissen, dass ihnen für ihre Arbeit nur eine begrenzte Zeit zur Verfügung steht, dass der in der Pubertät neu aufflammende Geschlechtstrieb, der das Kind mit seinen Energien überschwemmt, auch seiner Erziehbarkeit ein Ende macht. Das Glücken oder Missglücken ihrer Nacherziehung entscheidet in vielen Fällen darüber, ob es noch in letzter Stunde möglich ist, von außen her ein vernünftiges Einvernehmen zwischen dem Ich des Kindes, dem Andrängen seiner Triebe und den sozialen Forderungen herzustellen.

Sie werden schließlich noch wissen wollen, wie sich die Erziehungsmöglichkeiten in der ersten Kindheitsperiode und in der Latenzperiode zueinander verhalten. Besteht ein Unterschied in der Einstellung des kleinen Kindes zu seinen Eltern und der des größeren Kindes zu seinen Lehrern und Erziehern? Erbt der Erzieher einfach die Elternrolle, muss er Vater oder Mutter spielen und wie diese mit Kastrationsdrohungen, Angst vor Liebesentzug und Zärtlichkeitsbeweisen arbeiten? Wenn wir an die Schwierigkeiten denken, die das Kind auf der Höhe seines Ödipuskomplexes durchgemacht hat, so erschrecken wir mit Recht vor der Vorstellung, ähnliche Konflikte vervielfältigt in dem Verkehr einer Schulklasse mit ihrem Lehrer mitmachen zu müssen. Man kann sich keine Möglichkeit für eine Erzieherin vorstellen, in einem Hort einer großen Kinderzahl gegenüber erfolgreich die Rolle der Mutter zu spielen und den Ansprüchen jedes Einzelnen gerecht zu werden, ohne wilde Eifersuchtsausbrüche von allen Seiten hervorzurufen. Ebenso schwierig muss es für den Erzieher sein, als Vater von so vielen ständig das Objekt der Angst, die Zielscheibe der aufrührerischen Tendenzen und doch gleichzeitig der persönliche Freund jedes Einzelnen zu bleiben.

Aber wir vergessen, dass auch die Gefühlssituation des Kindes sich inzwischen geändert hat; die Beziehungen zu den Eltern bestehen gar nicht mehr in der alten Form. So wie die Gewalt der kindlichen Triebregungen sich in diesem Lebensalter abzuschwächen beginnt, so ermäßigt sich auch zur gleichen Zeit die Leidenschaft, die bis dahin das Verhältnis des Kindes zu Vater und Mutter beherrscht hat. Auch hier können wir nicht sagen, ob die Veränderung einfach einer neuen Entwicklungsphase entspricht, in die das Kind in diesem Alter eintritt, oder ob sie eine Folge der vielen unumgänglich notwendigen Enttäuschungen und Versagungen vonseiten der Eltern ist, denen das stürmische Liebesbegehren des Kindes allmählich erliegt. Jedenfalls beruhigt sich die Beziehung zwischen Kind und Eltern, sie wird weniger leidenschaftlich und verliert ihre Ausschließlichkeit. Das Kind fängt an, die Eltern allmählich in einem nüchternen Licht zu sehen, und die Überschätzung des Vaters, den es bis dahin für allmächtig gehalten hat, im Sinne der wirklichen Verhältnisse zu korrigieren. Seine auf der Höhe der ersten Kindheitsperiode fast erwachsene, begehrliche und unersättliche Liebe zur Mutter macht einer weniger anspruchsvollen und nicht mehr so kritiklosen Zärtlichkeit Platz. Gleichzeitig versucht das Kind, ein Stück Freiheit von den Eltern zu bekommen, und sucht sich neben ihnen neue Objekte für seine Liebe und Bewunderung. Es beginnt einen Ablösungsprozess, den es die ganze Latenzperiode hindurch fortsetzt. Es ist ein Zeichen der gelungenen Entwicklung, wenn mit dem Ablauf der Pubertät auch die Abhängigkeit von den geliebten Personen der Kindheit ihr Ende genommen hat. Der Sexualtrieb, der zu dieser Zeit nach Überwindung aller Zwischenphasen die erwachsene genitale Gestaltung erreicht hat, soll sich mit der Liebe zu einem fremden, nicht mehr der eigenen Familie angehörigen Objekt verbinden.

Aber diese Ablösung des Kindes von seinen ersten und wichtigsten Liebesobjekten gelingt nur unter einer ganz bestimmten Bedingung. Es ist so, als ob die Eltern sagten: Du kannst zwar weggehen, aber du musst uns doch mitnehmen. Das heißt, der erzieherische Einfluss der Eltern endet nicht mit der Entfernung von ihnen und nicht einmal mit der Erkaltung der Gefühle für sie. Ihr Einfluss wird nur aus einem direkten zu einem indirekten. Wir wissen, das ganz kleine Kind befolgt die Befehle von Vater und Mutter nur, wenn es in ihrer allernächsten Nähe ist und ihren direkten Tadel oder ihr persönliches Eingreifen zu fürchten hat. Allein gelassen, folgt es noch ohne Bedenken seinen eigenen Wünschen. Aber schon nach dem zweiten oder dritten Lebensjahr ändert sich sein Benehmen. Es weiß jetzt auch noch, wenn die erziehende Person das Zimmer verlassen hat, was erlaubt und was verboten ist, und kann sein Handeln danach einrichten. Wir sagen, es hat außer den von außen einwirkenden Gewalten auch noch eine innere Gewalt, eine innere Stimme entwickelt, die über sein Verhalten entscheidet.

Über die Herkunft dieser inneren Stimme oder des Gewissens, wie man sie gewöhnlich bezeichnet, besteht bei uns kein Zweifel. Sie ist die Fortsetzung der Elternstimme, die jetzt nur von innen, anstatt wie früher von außen her wirksam ist. Das Kind hat ein Stück Vater oder Mutter oder vielmehr die Gebote und Verbote, die es immer wieder von ihnen erhalten hat, gleichsam verschluckt und zu einem Bestandteil seines eigenen Wesens umgewandelt. Im Verlauf des Aufwachsens übernimmt dieses verinnerlichte Elternstück immer mehr die fordernde und verbietende Rolle der Eltern in der Außenwelt. Es setzt die Erziehung des Kindes schon unabhängig von den wirklichen Eltern jetzt im Innern fort. Das Kind gibt diesem ursprünglich von außen gekommenen Stück seines Wesens einen ganz besonderen Ehrenplatz in seinem eigenen Ich, betrachtet es als eine Art Ideal und ist bereit, sich ihm zu unterwerfen, oft viel sklavischer zu unterwerfen, als es sich seinerzeit den wirklichen Eltern unterworfen hatte.

Das arme Ich des Kindes muss sich jetzt das ganze weitere Leben lang bemühen, die Forderungen dieses Ideals – des *Über-Ichs,* wie die Psychoanalyse es nennt – zu erfüllen. Es bekommt, wenn es ihm nicht gehorsam ist, seine Unzufriedenheit als «innere Unzufriedenheit» zu spüren, das Lob, wenn es sich nach dem Willen des Über-Ichs verhält, als «innere Befriedigung». Das alte Verhältnis zwischen Kind und Eltern setzt sich also im eigenen Innern des Kindes weiter fort. Auch die Strenge oder Milde, mit der die Eltern das Kind behandelt haben, spiegelt sich in der Einstellung des Über-Ichs zum Ich.

Wir können hier also zurückgreifend sagen: Der Preis, den das Kind für die Ablösung von den Eltern zu zahlen hat, ist ihre Einverleibung. Das Gelingen dieser Einverleibung ist gleichzeitig auch der Maßstab für die Dauerhaftigkeit des Erziehungserfolgs.

Unsere Frage nach den Unterschieden der Erziehungsmöglichkeit der ersten Kindheitsperiode und der Latenzperiode ist jetzt nicht mehr schwer zu beantworten.

Die ersten Erzieher und das kleine Kind stehen sich gegenüber wie zwei feindliche Parteien. Die Eltern wollen etwas, was das Kind nicht will, das Kind will, was die Eltern nicht wollen. Das Kind verfolgt seine Ziele mit seiner ganzen ungeteilten Leidenschaft; den Eltern bleibt dem gegenüber nichts übrig als Drohungen oder die Anwendung von Gewalt. Hier steht eine Absicht diametral gegen die andere. Dass der Sieg fast immer aufseiten der Eltern bleibt, ist nur ihren größeren körperlichen Kräften zuzuschreiben.

Ganz anders liegen die Verhältnisse in der Latenzperiode. Das Kind, das dem Erzieher jetzt gegenübersteht, ist kein ungeteiltes Wesen mehr. Es ist, wie wir erfahren haben, im Innern gespalten. Selbst wenn sein Ich gelegentlich noch die früheren Ziele verfolgt, steht doch sein Über-Ich, die Fortsetzung der Eltern, aufseiten der Erzieher. Hier entscheidet die Klugheit der Erwachsenen über die Größe der Erziehungsmöglichkeiten. Der Erzieher handelt falsch, wenn er das Kind in der Latenzperiode so behandelt, als wäre es noch ganz und ungeteilt sein Feind; er begibt sich damit eines großen Vorteils. Er braucht nur die im Kind entstandene Spaltung zu kennen und sich ihr anzupassen. Gelingt es ihm, das Über-Ich auf seine Seite zu ziehen und sich mit ihm zu verbünden, so arbeiten zwei gegen einen. Es wird ihm keine Mühe mehr machen, das Kind in irgendeinem von ihm gewünschten Sinne zu beeinflussen.

Auch unsere Frage nach den Beziehungen zwischen Lehrer und Schulklasse oder Gruppe ist jetzt leichter zu beantworten. Wir sehen nach dem Vorangegangenen, dass der Lehrer mehr erbt als nur die Ödipusbeziehungen des Kindes. Er übernimmt, solange er die Führung einer Gruppe in der Hand hat, für jeden Einzelnen die Rolle seines Über-Ichs und erwirbt auf diese Weise ein Recht auf seine Unterwerfung. Wäre er nur der Vater jedes Einzelnen, so würden sich an seiner Person alle noch ungelösten Konflikte des ersten Kindesalters abspielen wollen und seine Gruppe außerdem von Eifersüchteleien zerrissen werden. Gelingt es ihm, das gemeinsame Über-Ich, das Ideal aller zu werden, so wird die Unterwerfung aus einer erzwungenen zu einer freiwilligen, und die Kinder seiner Gruppe verbünden sich unter ihm zu einer geschlossenen Masse.

Vierter Vortrag:

Die Beziehungen zwischen Psychoanalyse und Pädagogik

Meine Damen und Herren! Wir dürfen voneinander nicht zu viel verlangen. *Sie* dürfen nicht erwarten, dass es mir gelingen kann, Ihnen in vier kurzen Kursstunden mehr als die allerwichtigsten Grundtatsachen einer Wissenschaft vorzuführen, zu deren Studium man ebenso viele Jahre brauchen würde; *ich* nicht, dass Sie alle Einzelheiten, die ich Ihnen vorgetragen habe, in der Erinnerung behalten werden. Aus der gedrängten und wahrscheinlich oft verwirrenden Fülle meiner Zusammenfassung werden Sie vielleicht nur drei für die Psychoanalyse charakteristische Gesichtspunkte als Richtlinien festhalten können.

Der erste dieser Gesichtspunkte bezieht sich auf die zeitliche Einteilung. Die Psychoanalyse unterscheidet, wie Sie erfahren haben, im Leben des Kindes drei verschiedene Perioden: die Frühzeit, etwa bis zum Ende des fünften Lebensjahres; die Latenzperiode, bis zum Beginn der Vorpubertät, etwa nach dem elften, zwölften oder dreizehnten Jahr, und die Pubertät, die in die Erwachsenheit einmündet. Für jede dieser Perioden ist eine andere Gefühlseinstellung des Kindes zu den Menschen seiner Umwelt und eine andere Stufe der Triebentwicklung normal und charakteristisch. Die Beurteilung einer bestimmten Eigenschaft oder Reaktionsweise des Kindes wird also nie unabhängig von der Periode sein können, in der es sich befindet. Ein Stück triebhafter Grausamkeit oder Schamlosigkeit zum Beispiel, das in der frühkindlichen Periode und der Pubertät der normalen Entwicklung angehört, wird in der Latenzzeit dem Beobachter zu Besorgnis Anlass geben, in der Erwachsenheit vielleicht als pervers gewertet werden müssen. Die starke Bindung an die Elternpersonen, die in der ersten Kindheit und der Latenzzeit natürlich und erwünscht ist, gilt am Ausgang der Pubertät, wenn sie bestehen bleibt, als Zeichen einer Entwicklungshemmung; der Drang nach Auflehnung und innerer Befreiung, der in der Pubertät den Ausgang in normale Erwachsenheit erleichtert, kann in der ersten Kindheit oder der Latenzzeit zum Hindernis für eine gute Ichentwicklung werden.

Der zweite Gesichtspunkt bezieht sich auf den inneren Aufbau der kindlichen Persönlichkeit. Sie haben sich das Kind, mit dem Sie zu arbeiten haben, bisher wahrscheinlich als ein einheitliches Wesen vorgestellt und sich danach das Widerspruchsvolle seines Benehmens, den Abstand zwischen seinem Wollen und Können, das Missverhältnis zwischen seinen Vorsätzen und Handlungen nicht erklären können. Die psychoanalytische Auffassung zeigt Ihnen das Wesen des Kindes als ein dreifach gespaltenes: in ein Triebleben, in das Ich des Kindes und sein Über-Ich, den Abkömmling seiner Elternbeziehung. Die Widersprüche seines Verhaltens erklären sich ohne Weiteres, wenn Sie lernen, hinter seinen verschiedenen Reaktionen denjenigen Anteil seines Wesens zu erkennen, der gerade in diesem Augenblick das Recht zu handeln an sich gerissen hat.

Der dritte Gesichtspunkt schließlich bezieht sich auf das gegenseitige Verhältnis dieser Anteile der kindlichen Person, die wir uns nicht als ruhende Zustände, sondern als miteinander kämpfende Kräfte vorstellen müssen. Der Ausgang eines solchen Einzelkampfes, etwa des kindlichen Ichs mit einem ihm unerwünschten Triebwunsch, hängt von der relativen Stärke der einzelnen Regungen ab, also von dem Maß an Libido, das dem Triebwunsch zur Verfügung steht, verglichen mit der Energie der gegnerischen vom Über-Ich her angeregten Verdrängungsneigung.

Aber ich fürchte, auch diese drei vereinfachten und praktisch anwendbaren Anschauungsweisen bieten Ihnen noch nicht ganz das, was Sie von der Psychoanalyse an Hilfe für Ihre Arbeit entnehmen wollten. Mehr als eine Erweiterung Ihres theoretischen Verständnisses suchen Sie wahrscheinlich praktische Anweisungen, nach denen Sie sich richten können. Sie wollen sicher wissen, welche Erziehungsmittel die empfehlenswertesten wären; welche Sie durchaus zu vermeiden haben, wenn Sie nicht die ganze Entwicklung des Kindes dadurch gefährden wollen; vor allem aber, ob man überhaupt im Ganzen mehr oder weniger als bisher üblich erziehen solle?

Zur Beantwortung der letzten Frage wäre zu sagen, dass die Psychoanalyse, so oft sie bisher mit der Pädagogik zusammengestoßen ist, immer einem Wunsch nach Einschränkung der Erziehung Ausdruck gegeben hat. Die Psychoanalyse hat uns eine ganz bestimmte Gefahr der Erziehung vor Augen geführt. Sie haben erfahren, auf welchen Wegen das Kind gezwungen wird, die Forderungen der erwachsenen Umwelt zu erfüllen. Sie wissen, es überwindet seine ersten großen Gefühlsbindungen, indem es sich den geliebten und gefürchteten Personen angleicht; es entwächst ihrem äußeren Einfluss, richtet aber inzwischen in seinem Inneren, in Nachahmung jener Personen eine Instanz auf, die diesen Einfluss innen weiter aufrechterhält. Diese Einverleibung von außen nach innen ist der gefährliche Schritt. Mit ihr werden die Verbote und Forderungen der Erziehungspersonen starr und unwandelbar. Sie werden aus etwas Lebendigem zu einem historischen Rückstand, der unfähig ist, sich den fortschreitenden äußeren Veränderungen anzupassen. Die Eltern waren in ihrem Verhalten noch durch Vernunftgründe beeinflussbar und allen Ansprüchen einer neuen Situation zugänglich. Sie wären natürlich bereit gewesen, dem Dreißigjährigen zu erlauben, was sie dem Dreijährigen streng verboten hatten. Der Anteil des Ichs aber, der sich aus dem Niederschlag ihrer Gebote gebildet hat, ist unerbittlich.

Im Folgenden einige Beispiele zur Erläuterung. Ich kenne einen Knaben, der in seinen frühesten Kinderjahren außerordentlich naschhaft war. Da sein Drang nach Süßigkeiten zu groß war, um mit erlaubten Mitteln gestillt werden zu können, verfiel er auf allerlei unerlaubte Pläne und Schliche, um sich Näschereien zu verschaffen, verwendete alles Geld darauf, das er besaß und nahm es auch mit der Beschaffung weiterer Geldmittel nicht sehr genau. Die Erziehung war veranlasst, einzugreifen; man verbot dem Jungen das Naschen und seine leidenschaftliche Anhänglichkeit an die Mutter, von der der Eingriff ausgegangen war, verlieh dem Verbot den besonderen Nachdruck. Seine Naschhaftigkeit verschwand zur Zufriedenheit der Erwachsenen. Aber auch heute, wo dieser Junge ein Halberwachsener ist, dem Geldmittel reichlich zur Verfügung stehen und der die Freiheit hätte, die Süßigkeiten aller Konditoreien Wiens zusammenzukaufen, ist er noch nicht imstande, ein Stück Schokolade zum Mund zu führen, ohne dabei glühend rot zu werden. Jeder, der ihn dabei beobachtet, ist sofort sicher: Der tut etwas Verbotenes, er isst, was er mit gestohlenem Geld gekauft hat. Sie sehen, die Einschränkung weitet sich nicht automatisch mit der veränderten Sachlage.

Hören Sie daneben ein zweites, schon weniger harmloses Beispiel. Ein kleiner Junge liebt seine Mutter mit besonderer Zärtlichkeit, alle seine Wünsche richten sich darauf, bei ihr den Platz auszufüllen, der in Wirklichkeit seinem Vater gebührt, ihr Vertrauter und Beschützer und der von ihr am meisten Geliebte zu sein. Der Kleine macht nun zu wiederholten Malen die für ihn erschütternde Erfahrung, dass der Vater der rechtmäßige Besitzer der von ihm angestrebten Stellung ist, dass er die Macht hat, ihn jederzeit von der Mutter wegzuweisen und ihm seine kindliche Hilflosigkeit und Ohnmacht vor Augen zu führen. Das Verbot, den Platz des Vaters anzustreben, befestigt sich in ihm durch die Angst vor dem als sehr mächtig Erkannten. Später, als Halbwüchsiger, zeigt dieser Junge eine quälende Schüchternheit und Unsicherheit, die sich zur unerträglichen Hemmung steigert, wenn er sich in derselben Wohnung oder demselben Haus mit einem von ihm geliebten Mädchen befindet. Inhalt seiner Angst ist die Vorstellung, es könnte jemand kommen und ihm erklären, der Platz, wo er gerade sitze oder stehe, gehöre jemand anderem, er habe kein Recht, sich da aufzuhalten. Zur Vermeidung dieser für ihn außerordentlich peinlichen Situation verwendet er einen großen Teil seiner Energie darauf, Ausflüchte vorzubereiten, die diesem anderen seine Anwesenheit auf harmlose Art plausibel machen könnten. Oder ein anderes Beispiel: Ein ganz kleines Mädchen entwickelt eine übermäßige Freude an der Nacktheit seines eigenen Körpers, zeigt sich seinen Geschwistern unbekleidet und macht sich ein Vergnügen daraus, vor dem Schlafengehen splitternackt durch die Zimmer zu laufen. Die Erziehung greift ein, auch diesmal mit Erfolg. Die Kleine verwendet eine außerordentliche Bemühung darauf, diese Neigung zu unterdrücken. Das Resultat ist eine große Schamhaftigkeit, die sie auch durch die weiteren Jahre begleitet. Später, bei der Frage der Berufswahl, schlägt ihr jemand eine Tätigkeit vor, die es mit sich bringen würde, dass sie mit Kolleginnen das Zimmer teilt. Und sie erklärt unbedenklich: Der Beruf sei nichts für sie. Hinter der vernunftgemäßen Begründung zeigt sich schließlich die Befürchtung: Da müsste sie sich ja vor den anderen ausziehen. Die Frage der Eignung oder Vorliebe fällt hier gar nicht ins Gewicht gegenüber der Stärke des aus der Kinderzeit übernommenen Verbots.

Der Psychoanalytiker, der sich in seiner therapeutischen Arbeit mit der Auflösung solcher Hemmungen und Entwicklungsstörungen beschäftigt, lernt die Erziehung wirklich von ihrer schlechtesten Seite kennen. Hier, meint er, habe man doch allzu sehr mit Kanonen nach Spatzen geschossen. Wäre es nicht besser gewesen, Anstand und Sitte in diesen verschiedenen Kinderstuben etwas herabzusetzen, das eine Kind naschen, das andere sich in die Vaterrolle fantasieren zu lassen, dem dritten seine Nacktheit und einem vierten sogar das Spiel mit dem eigenen Genitale zu erlauben? Hätten diese kindlichen Befriedigungen wirklich irgendeine Bedeutung gehabt, die sich auch nur vergleichen ließe mit dem Schaden, den die gute Erziehung hier gestiftet hat? Mit der Spaltung, die man auf diese Weise in die kindliche Person hineinträgt; der Art, wie man den einen Teil des

Individuums gegen den anderen aufhetzt; wie man die Liebesfähigkeit herabsetzt und das Kind vielleicht zu einem genuss- und leistungsunfähigen Menschen heranwachsen lässt? Und der Analytiker, dem dies alles vor Augen tritt, nimmt sich vor, zumindest für seine Person nicht mitzutun, seine eigenen Kinder lieber frei als so erzogen aufwachsen zu lassen und lieber etwas Ungezügeltheit im Endergebnis zu riskieren, statt ihnen von vornherein eine solche Verkrüppelung der Persönlichkeit aufzuzwingen.

Aber Sie erschrecken sicher vor der Einseitigkeit meiner Betrachtungsweise. Es ist höchste Zeit, den Standpunkt zu wechseln. Die Erziehung erscheint uns in einem anderen Licht, wenn wir sie von einem anderen Endergebnis aus betrachten, zum Beispiel bei der Beschäftigung mit dem Verwahrlosten, wie August Aichhorn in seinem Buch «Verwahrloste Jugend».[1]

Der Verwahrloste, sagt Aichhorn, widerstrebt einer Einreihung in die ihn umgebende menschliche Gesellschaft. Es gelingt ihm nicht, seine Triebbefriedigung zu hemmen; er kann nicht genug Energie von seinen Sexualtrieben abziehen, um sie für andere, in der Gesellschaft höher geschätzte Ziele zur Verwendung zu haben. Er weigert sich darum, sich die Einschränkungen auferlegen zu lassen, die für die Gemeinschaft seiner Zeit maßgebend sind und entzieht sich in gleicher Weise seinem Anteil an Arbeit in dieser Gemeinschaft. Wer mit ihm pädagogisch oder analytisch arbeitet, kann sich vor allem einem Eindruck nicht entziehen: dem Bedauern darüber, dass es in seiner Kindheit keine Macht gegeben hat, die es zustande gebracht hätte, ihm zuerst äußere Hemmungen seines Trieblebens aufzuerlegen, um diese äußeren Hemmnisse dann allmählich in innere sich verwandeln zu lassen.

Nehmen Sie als Beispiel ein Kind, das eine Weile die Aufmerksamkeit des Wiener Jugendamts in Anspruch genommen hatte. Dieses achtjährige Mädchen war in der Familie und in der Schule

---

[1] Verlag Hans Huber, Bern, Stuttgart, Wien, 1969[6]

in gleicher Weise unbrauchbar. Von jeder Erziehungsanstalt oder Erholungsstätte wurde es unweigerlich in längstens drei Tagen den Eltern zurückgestellt. Es weigerte sich zu lernen oder sich an den Beschäftigungen der anderen zu beteiligen; es stellte sich dumm, so täuschend, dass es an mehreren Orten als intellektuell defekt diagnostiziert wurde. Während des Unterrichts legte es sich im Klassenzimmer auf eine Bank und spielte an seinen Geschlechtsteilen. Jeder Störung in dieser Beschäftigung begegnete es mit einem wilden Gebrüll, vor dem die Erwachsenen erschreckt zurückfuhren. Im Elternhaus wurde es misshandelt, da das noch das Einzige war, was die Erwachsenen mit ihm anzufangen wussten. Die analytische Beobachtung ergab vor allem zweierlei. Sie zeigte, dass die äußeren Umstände für die Entwicklung irgendwelcher Gefühlsbeziehungen zwischen dem Kind und der umgebenden Welt besonders ungünstig waren. Von keiner Seite hätte irgendeine Prämie an Liebe das Kind für das Aufgeben der Befriedigung am eigenen Körper, also für den Entgang von Lust, entschädigen können. Sie zeigte gleichzeitig, dass auch die reichlichen Strafen, von denen die Eltern sich offenbar die einschränkende Wirkung erwartet hatten, ihren Zweck nicht erfüllen konnten: das kleine Mädchen hatte – es ist nicht festzustellen, ob durch seine Veranlagung oder durch schwere, frühzeitige Erlebnisse – einen so starken Masochismus entwickelt, dass jede Züchtigung ihm immer wieder nur ein Anreiz zur Sexualerregung und Sexualbetätigung werden konnte. Vergleichen Sie diesen Fall von Verwahrlosung mit dem früher geschilderten von Hemmung: Sie sehen, ein freier und in sich geschlossener Mensch ist auch dieses Kind nicht geworden. Es ist nichts anderes als ein kleines eingeschüchtertes Tierchen, das neben der moralischen auch die geistige Weiterentwicklung eingestellt hat.

Aichhorn erwähnt in seinem Buch «Verwahrloste Jugend» einen anderen schweren Fall von Verwahrlosung, einen Knaben, der etwa von seinem sechsten Lebensjahr an durch Jahre alle Arten geschlechtlicher Befriedigung an seiner Mutter gefunden und schließlich nach vollendeter Sexualreife in wirklichem

Geschlechtsverkehr mit ihr gelebt, also das in der Realität erreicht hatte, was seine Altersgenossen nur als Fantasie beschäftigt. Aber auch aus diesem Knaben war nicht der geschlossene, einheitliche, kraftvolle Mensch geworden, den wir nach den früher geschilderten schlechten Erfahrungen mit der Erziehung erwartet hätten. In seiner Entwicklung war etwas wie ein Kurzschluss vor sich gegangen. Durch die frühe, reale Erfüllung seiner Wünsche hatte er sich den ganzen Umweg über das «Erwachsenwerden» erspart; der Wunsch, so zu werden wie der Vater, um auch zu den dem Vater erlaubten Befriedigungsmöglichkeiten zu gelangen, war überflüssig geworden. Er war zwar der Persönlichkeitsspaltung entgangen, dafür aber hätte er jede Weiterentwicklung als überflüssig aufgegeben.

Aber Sie werden finden, das Problem sei nicht so schwierig, wie ich es Ihnen darstellen möchte. Entwicklungsstörung und Verwahrlosung seien eben die extremen Endergebnisse, die eine zeige den schädigenden Einfluss der übergroßen Hemmung, die andere den der Hemmungslosigkeit. Die Aufgabe einer auf den analytischen Tatsachen aufgebauten psychoanalytischen Pädagogik sei es nun, einen Mittelweg zwischen den Extremen zu finden, das heißt, für jede Altersstufe des Kindes die richtige Mischung zwischen Gewährung von Befriedigungen und Triebeinschränkungen anzugeben.

Vielleicht hätte die ausführliche Schilderung dieser neuen pädagogisch analytischen Vorschriften den eigentlichen Inhalt meiner Mitteilungen an Sie ausmachen sollen. Diese analytische Pädagogik gibt es aber vorläufig noch gar nicht. Alles, was wir schon haben, sind einzelne für diese Aufgabe interessierte Erzieherpersonen, die selber eine Analyse durchgemacht haben und jetzt versuchen, das, was sie daraus für das Verständnis ihres eigenen Trieblebens gelernt haben, auch auf die Erziehung der Kinder anzuwenden, mit denen sie sich beschäftigen. Es wird eine Weile dauern, bis der theoretische Aufbau und das praktische Rezept fertiggestellt ist, das man dann zur allgemeinen Anwendung empfehlen kann.

Trotzdem dürfen Sie nicht sagen, dass die Psychoanalyse außer Zukunftsanweisungen noch nichts für die Pädagogik geleistet hat, dass es sich für Pädagogen, die in der praktischen Arbeit stehen, überhaupt noch nicht lohnt, sich mit der Psychoanalyse zu beschäftigen, dass es vielleicht besser wäre, ihnen noch davon abzuraten, sie statt dessen in zehn oder zwanzig Jahren noch einmal anfragen zu lassen, was inzwischen an Anwendungen der Psychoanalyse auf die Pädagogik fertig geworden ist.

Ich meine, die Psychoanalyse leistet der Pädagogik auch heute schon dreierlei. Sie eignet sich zur Kritik der schon bestehenden Erziehungsformen. Als psychoanalytische Psychologie, als Lehre von den Trieben, vom Unbewussten, als Libidotheorie erweitert sie, wie Sie sich in den ersten drei Vorträgen überzeugen konnten, die Menschenkenntnis des Erziehers und schärft sein Verständnis für die komplizierten Beziehungen zwischen dem Kind und dem erziehenden Erwachsenen. Als eine Behandlungsmethode schließlich, als Kinderanalyse, bemüht sie sich, Schäden wieder auszubessern, die dem Kind während des Erziehungsprozesses zugefügt wurden.

Im Folgenden ein Beispiel zur Erläuterung des zweiten Punktes, der Aufklärung der pädagogischen Situation durch die unbewussten Hintergründe des bewussten Verhaltens.

Eine ausgezeichnete Pädagogin hatte ihre erzieherische Laufbahn im achtzehnten Lebensjahr begonnen, als sie infolge unglücklicher Familienverhältnisse das Elternhaus verließ, um eine Stelle als Erzieherin von drei Knaben anzunehmen. Der mittlere dieser Knaben war ein schwieriger Erziehungsfall. Er war im Lernen zurückgeblieben, zeigte sich als scheu, verschlossen und wenig aufgeweckt, spielte in der Familie eine untergeordnete Rolle und wurde von den Eltern den beiden gutbegabten und liebenswürdigen Brüdern gegenüber ständig zurückgesetzt. Die Erzieherin warf sich nun mit ihrem ganzen Ehrgeiz und Interesse auf dieses Kind und hatte in verhältnismäßig kurzer Zeit den schönsten Erfolg. Der Junge gewann sie lieb, schloss sich zärtlicher als je vorher an einen Menschen an sie an, wurde aufgeschlossen und freundlich, sein Lerninteresse steigerte sich, und es gelang ihr mit Einsatz ihrer Bemühungen, ihm im Laufe eines Jahres den Lehrstoff von zwei Klassen beizubringen und so seine Lernrückstände aus der Welt zu schaffen. Nun wurden auch die Eltern stolz auf das bisher in ihrer Zärtlichkeit zurückgesetzte Kind, sie steigerten ihre Bemühungen um ihn, das Verhältnis zu ihnen, damit auch zu den Brüdern, besserte sich, bis der Kleine schließlich als vollwertiges Mitglied ganz in den Familienkreis aufgenommen wurde. Damit begann aber eine unerwartete Schwierigkeit. Die Erzieherin, der doch dieser Erfolg zu verdanken war, begann jetzt ihrerseits, Schwierigkeiten mit dem Jungen zu haben, sie zog ihre ganze Liebe von ihm zurück, konnte nicht mehr mit ihm fertig werden und verließ schließlich das Haus, in dem man sie sehr schätzte, gerade des Kindes wegen, das zuerst die stärkste Anziehung auf sie ausgeübt hatte.

Eine Psychoanalyse, der sie sich fast fünfzehn Jahre später aus pädagogischem Interesse unterzog, machte sie mit dem näheren Sachverhalt bekannt. Sie selber hatte sich mit mehr oder weniger Berechtigung in ihrem Elternhaus in die Stellung des ungeliebten Kindes fantasiert, in der sie bei Beginn der Arbeit den mittleren Knaben vorfand. Aufgrund der gleichen Zurücksetzung hatte sie sich selber in ihm gesehen, sich mit ihm identifiziert. Mit aller Liebe und Sorgfalt, die sie auf ihn verwendet hatte, sagte sie also nichts anderes als: So hätte man mich behandeln sollen, um etwas aus mir zu machen. Der Erfolg zerriss, als er eintrat, dieses Band der Identifizierung. Damit war der Zögling zu einem selbständigen Wesen geworden, der nichts mehr mit ihrem eigenen Leben zu tun hatte. Die feindseligen Regungen gegen ihn entstammten nur dem Neid; sie konnte ihm ja den Erfolg nicht gönnen, den sie selbst nie erreicht hatte.

Sie werden sagen, es war gut, dass diese Erzieherin zur Zeit des Vorfalls noch unanalysiert war; wir wären sonst um einen schönen Erziehungserfolg gekommen. Aber ich meine: Diese Erziehungserfolge sind zu teuer erkauft. Sie bezahlen sich mit den Misserfolgen an all jenen Kindern, die nicht das Glück haben,

Leidenssymptome an sich zu tragen, die den Erzieher an seine eigene Kindheit erinnern und ihm so die Einfühlung ermöglichen. Ich meine, wir haben das Recht, zu verlangen, dass der Lehrer oder Erzieher seine Konflikte kennen und beherrschen gelernt hat, ehe er die pädagogische Arbeit beginnt. Sonst dienen ihm die Zöglinge nur als ein mehr oder weniger günstiges Material, um seine eigenen unbewussten und ungelösten Schwierigkeiten an ihnen abzureagieren. Aber auch zur Beurteilung des Kindes ist sein sichtbares Verhalten nur selten genügend. Ich bringe Ihnen im Folgenden die Aufzeichnungen eines Knaben, die er als das erste Kapitel eines größeren Buches diktiert hatte. Wie so oft bei Kindern, war es auch hier bei diesem einen Bruchstück geblieben.

Was die Erwachsenen Unrechtes tun

«Erwachsene hört, falls Ihr's wissen wollt! Bildet Euch nicht zu viel ein, die Kinder können schon nicht alles tun, was die Erwachsenen tun können. Aber sie können das meiste tun, was Ihr tun könnt. Aber die Kinder werden nie gehorchen, wenn Ihr so kommandiert. Zum Beispiel so: ‹Jetzt zieh dich aus, schnell, hopp!› Da werden sie sich nie ausziehen, das glaubt nicht. Aber wenn Ihr's anständig sagt, dann werden sie es sofort tun. Ihr glaubt, Ihr könnt alles machen, was Ihr wollt, aber das bildet Euch nicht ein. Und sagt nicht immer: ‹Du musst das und das!› Kein Mensch muss müssen, und dann müssen die Kinder auch nicht. Ihr glaubt, man muss sich waschen. Nein. Da sagt Ihr: ‹Sonst würde jeder Mensch sagen, pfui, ist der schmutzig! und darum muss man sich waschen!› Nein, aber deshalb *tut* man sich waschen.

Wenn Ihr den Kindern das sagt, was sie tun sollen, genügt es, und nicht immer so lange sagen, wie sie es tun sollen, sondern sie tun das, was sie für richtig halten, ebenso wie Ihr. Und sagt nicht immer: ‹Ihr dürft euch das und das nicht kaufen›, denn wenn sie das Geld selber ausgeben, können sie sich kaufen, was sie wollen. Sagt nicht immer zu den Kindern: ‹Das könnt ihr nicht!› Sondern sie können manches besser als Ihr und Ihr wollt's nie glauben, und nachher wundert Ihr Euch. Redet nicht immer so viel und lasst die Kinder auch mal zu Wort kommen!»

Nehmen Sie an, diese schriftliche Äußerung wäre in einer Schule gefunden und dem Direktor hinterbracht worden. Er würde sich sagen, das sei ein gefährlicher Junge, auf den man ein Auge haben müsse. Bei näherer Erkundigung würde er nun noch bedenklichere Dinge von ihm erfahren: Der Junge äußere Schimpfreden gegen Gott, belege die Priester mit Ausdrücken, die sich kaum wiederholen ließen, fordere die Kameraden mit energischen Worten auf, sich von niemandem etwas gefallen zu lassen, ja wolle sogar in die Tiergärten ziehen und die dort zu Unrecht gefangengehaltenen Tiere aus den Käfigen in Freiheit setzen. Ein konservativer Erzieher der alten Schule würde sagen: Den Widerstand dieses Jungen muss man mit allen Mitteln brechen, ehe es zu spät und er ein gefährlicher Feind der sozialen Ordnung geworden ist. Ein moderner Pädagoge aber würde die größten Zukunftshoffnungen gerade auf diesen Knaben setzen, in ihm einen künftigen Führer und Befreier der Massen zu finden erwarten.

Ich muss Ihnen mitteilen, dass beide Erzieher unrecht hätten und alle Erziehungshandlungen, die sie auf ihrer Kenntnis des Tatbestands aufbauen können, schädlich und falsch wären. Der Knabe, ein Achtjähriger, ist ein harmloser kleiner Feigling, der zusammenschrickt, wenn ihn ein Hund anbellt, der sich fürchtet, abends über den dunklen Korridor zu gehen, und der gewiss nicht imstande wäre, auch nur einer Fliege etwas zuleide zu tun. Seine aufrührerischen Äußerungen aber kommen auf folgende Weise zustande: Seine frühe Leidenschaftlichkeit der Gefühlsbindungen, von einer intensiven Beschäftigung mit dem eigenen Glied begleitet, gehen durch die Bemühungen der Erziehung und durch einen als Schock wirkenden ärztlichen Eingriff zugrunde. Zur Sicherung vor neuen Versuchungen bleibt eine ungeheure Angst vor der Bestrafung am schuldigen Körperteil, die Angst, die wir in der Psychoanalyse als Kastrationsangst bezeichnen. Diese Angst aber bringt ihn jetzt zur Leugnung jeglicher Autorität.

Wenn irgendjemand in dieser Welt Macht hat, sagt er sich, dann hat er auch die Macht, mich zu bestrafen. Darum muss jede Möglichkeit eines himmlischen oder irdischen Machthabers aus der Welt geschafft werden. Je größer vor irgendeiner auftauchenden Versuchung seine Angst wird, desto lauter überschreit er sie durch die dabei ganz harmlosen Angriffe auf die Autoritäten. Diese laute Art der Abwehr ist übrigens nicht seine einzige. Obwohl er den Gottesleugner spielt, kniet und betet er abends heimlich und von seiner Angst gezwungen. Er denkt: «Es gibt Gott zwar nicht. Vielleicht könnte es ihn aber doch geben, und dann wäre es jedenfalls gut, sich mit ihm zu verhalten.» Ich meine also: Aus ihm wird nie ein Bedroher der sozialen Ordnung und ein Befreier der Massen werden. Was er braucht, ist auch weder Bewunderung seiner Bestrebungen, noch Strenge und Einschränkungen; nur – auf welchem Wege immer – eine Ermäßigung seiner Angst, die ihn instand setzen soll, von seinem neurotischen Gehaben befreit, später einmal zur Genuss- und Arbeitsfähigkeit zu kommen.

Die psychoanalytische Behandlungsmethode, die das zustande bringen kann, ist dann die dritte Leistung der Psychoanalyse für die Pädagogik. Aber die Schilderung dieser Methode, der Kinderanalyse, überschreitet schon den Rahmen dieses Kurses.

Zweiter Teil

Die Rolle der körperlichen Krankheit im Seelenleben des Kindes

1. Einleitung

Wir möchten wissen, welchen Einfluss die zahlreichen und unvermeidlichen körperlichen Erkrankungen des Kindesalters auf die seelische Entwicklung des Kindes haben, finden uns aber bei der Bewertung ihrer Rolle durch die Begrenztheit und Einseitigkeit des vorhandenen Beobachtungsmaterials gehindert. In unseren Zeiten ist die Spezialisierung in der Berufsarbeit mit Kindern eine weitgehende. Pflegen, Erziehen, Lehren, Heilpädagogik, Kinderanalyse und Kinderheilkunde sind voneinander abgetrennte Arbeitsgebiete. Wer auf dem einen Gebiet arbeitet, hat wenig oder keine Gelegenheit, auch nur als Beobachter in eines der andern Gebiete Einblick zu gewinnen. Kindergärtnerinnen, Lehrer und Kinderanalytiker sehen die ihnen anvertrauten Kinder nicht, sobald sie krank werden; Kinderärzte und Pflegerinnen verlieren den Kontakt mit ihren jungen Patienten, sobald sie gesund werden. Schließlich sind es nur die Mütter, die ihre Kinder in allen Stadien sehen, als Gesunde, Kranke und Rekonvaleszenten, in normalen und abnormen körperlichen und seelischen Zuständen. Aber die Mütter kranker Kinder sind keine objektiven Beobachter. In Zeiten schwerer Erkrankung ist ihr Blick durch die Angst um Leben und Gesundheit des Kindes getrübt; und auch in Zeiten leichterer Krankheiten ist ihre Aufmerksamkeit unvermeidlich auf die Notwendigkeiten der körperlichen Pflege konzentriert. Eine Anzahl analytischer Autoren hat in den letzten Jahren den Versuch unternommen, die Wirkung von Spitalaufenthalten auf Kleinkinder zu studieren. Wir verdanken unter anderen R. Spitz in New York, Dr. John Bowlby und Mr. James Robertson in London aufschlussreiche Untersuchungen und Dokumentarfilme dieser Art, die aber nicht auf die Wirkung der Krankheit selbst, sondern vor allem auf die durch die Krankheit bedingte Trennung des Kleinkinds von der Mutter gerichtet sind. Die Reaktion des Kindes auf Krankheit, körperliche Eingriffe und körperlichen Schmerz steht bei diesen Untersuchungen an zweiter Stelle.

Unser Material ist etwas reichhaltiger, wo es sich auf die seelischen Nachwirkungen körperlicher Krankheiten bezieht. Eltern, die in einer Konsultation die neurotischen Störungen ihrer Kinder beschreiben, datieren oft den Beginn der Schwierigkeit von dem Ausbruch einer körperlichen Krankheit an, von der an das Kind in seinem Wesen verändert schien. In manchen Fällen treten ferner Stimmungsschwankungen, Veränderungen in den Beziehungen zu Eltern und Geschwistern, Verlust des Selbstvertrauens, Wutausbrüche, zum ersten Mal in der Rekonvaleszenz nach schwerer Krankheit auf. Bettnässen, Kotschmieren, Ess- und Schlafstörungen, Schulängste und viele früher aufgetretene und längst überwundene Symptome tauchen unter solchen Umständen von Neuem auf. Kinder, deren Intelligenz vorher glänzend funktioniert hatte, zeigen sich nach Krankheiten in der Schule oft gelangweilt und apathisch; andere Kinder wieder erscheinen nach denselben Erfahrungen in merkwürdiger Weise gereift und entwickelt. Wie die oben zitierten Autoren beschreiben, können solche Veränderungen als Folge eines Spitalaufenthalts mit Trennung von den Eltern vorkommen; sie ereignen sich aber auch, wo das Spital keine Rolle spielt und Kinder ihre Krankheiten im Elternhaus unter Obhut und Pflege der Mutter durchmachen. In der Rolle der körperlichen Erkrankung für das Seelenleben des Kindes ist der Spitalaufenthalt nur ein einzelner Faktor in einer Mehrzahl von traumatisch wirkenden, die Entwicklung störenden und schädigenden Einflüssen.

2. *Die Auswirkungen der Krankenpflege, der ärztlichen Maßnahmen und chirurgischen Eingriffe*

Ehe wir die potenzielle traumatische Wirkung der Krankheiten selbst richtig bewerten können, müssen wir uns durch das Verständnis einer ganzen Reihe von Faktoren durcharbeiten, die zwar nur Nebenwirkungen der Krankheitssituation, für das Kind aber unlösbar mit ihr verbunden sind. Für das Kind gibt es keine Unterscheidung zwischen den von der Erkrankung selbst verursachten Leiden und den Leiden, die ihm von der Umwelt auferlegt werden, um die Krankheit zu heilen. Verständnislos, hilflos und passiv muss es beide Arten von Erfahrungen über sich ergehen lassen. Nicht selten sind die Leiden der zweiten Art diejenigen, die die größere affektive Bedeutung für spätere Nachwirkungen oder für die psychische Schädigung des Kindes in der Krankheitsperiode haben.

a) Veränderungen der affektiven Atmosphäre während der Krankheit

Die meisten Eltern benehmen sich dem kranken Kind gegenüber anders als dem gesunden Kind gegenüber. Eltern mit asketischen Tendenzen haben Angst davor, das Kind in Krankheitszeiten zu verwöhnen; ihre Methode ist es, das Kind sich so viel als möglich selbst zu überlassen, keine «Geschichten» zu machen und die Herstellung seiner gesunden Natur und den spontanen Heilungsprozessen zu überlassen. Die Mehrzahl der Eltern verfällt ins andere Extrem. Viele Kinder fühlen sich nie so von Liebe umgeben wie in Krankheitszeiten; Kinder aus kinderreichen Familien erreichen aufgrund einer ansteckenden Krankheit mit Isolierung von den Geschwistern das sonst unerreichbare Ziel ihrer Wünsche: den ungeteilten und unumstrittenen Alleinbesitz der pflegenden Mutter. Manche Mütter schieben in der Besorgnis um das Kind alle Erziehungsforderungen für die Zeit der Krankheit beiseite zugunsten einer ihnen sonst fremden Nachgiebigkeit.

Andere vergessen aufgrund derselben Angst die elementarsten Grundregeln psychologisch richtigen Umgehens mit dem Kind, die ihnen sonst geläufig sind: Schocks durch Zwangsfütterung und Klistiere, plötzliche Trennungen (für Spitalaufenthalt), Lügen und Täuschungen gelten ihnen für nichts, solange sie nur die Genesung des Kindes gewährleisten. Das Kind seinerseits reagiert traumatisch auf diese ihm unverständlichen Veränderungen im Benehmen der Mutter, findet sich in dem Umsturz der sonst geltenden affektiven und moralischen Werte nicht mehr zurecht oder kann nach der Genesung auf den ihm während der Krankheit gewährten Lustgewinn nicht mehr verzichten.

b) Die Wirkung der Krankenpflege

Wir verstehen die Reaktion der Kinder auf die Situation der Krankenpflege am besten im Vergleich mit den häufigen und besser beschriebenen Reaktionen Erwachsener in der gleichen Lage.

Ein affektiv gesunder, körperlich schwerkranker Erwachsener kann nicht umhin, sich unter den Bedingungen der Krankenpflege in seiner menschlichen Würde bedroht zu fühlen. Man mutet ihm zu, auf jedes Bestimmungsrecht über den eigenen Körper zu verzichten und passiv mit sich geschehen zu lassen, was andere für gut halten. Man zieht ihn an und aus, füttert und wäscht ihn, hilft ihm beim Urinieren und Defäkieren, dreht ihn von einer Seite auf die andere, entblößt ihn vor der Krankenschwester und dem Arzt, ohne Ansehen des Geschlechts, des Schamgefühls und der Konventionen. Die hygienische Routine, der er unterworfen ist, nimmt keinerlei Rücksicht auf seine persönlichen Gewohnheiten, Abneigungen und Wünsche. Charakteristischerweise beschreiben viele Erwachsenen solche Erfahrungen als «Rückkehr zur Hilflosigkeit ihrer Kindheit».

Aus diesem Vergleich der Krankenpflege mit der Kinderpflege dürfen wir nur nicht den Schluss ziehen, dass es leichter für das kranke Kind als für den kranken Erwachsenen ist, sich mit der Lage des Pfleglings abzufinden; eher ist das Gegenteil der Fall. Die schrittweise Beherrschung der eigenen Körperfunktionen, d.h. die Selbstständigkeit im Essen, Urinieren, Defäkieren, Waschen, Anziehen etc. sind für das Kind wichtigste Stationen auf dem Weg der Ichentwicklung; die wachsende Besitznahme des eigenen Körpers ist gleichzeitig der Maßstab für seine wachsende Unabhängigkeit vom mütterlichen Körper und der mütterlichen Oberherrschaft. Jeder Rückschritt auf diesem Weg zugunsten der Krankenpflege (oder aufgrund der Schwächung des Körpers) bedeutet darum einen gleich großen Verlust an Ichfunktion, d.h. eine Regression zu früheren, passiveren Niveaus der kindlichen Entwicklung. Kinder, die ihre Passivität mit besonderer Stärke abwehren, widersetzen sich einer solchen, von außen erzwungenen Regression aufs Heftigste und sind schlechte, schwierige Patienten; andere fallen widerstandslos in den Zustand infantiler Hilflosigkeit zurück, der ihnen noch vor kurzer Zeit der natürliche war. Neu erworbene und noch nicht fest verankerte Ich-Fähigkeiten gehen unter diesen Umständen als erste verloren. Viele Mütter berichten, dass ihre Kleinkinder nach der Krankheit von neuem zur Sauberkeit und zum selbstständigen Essen erzogen werden mussten; viele Kleinkinder weigern sich nach der Krankheit, die Mutter überhaupt von sich zu lassen.

c) Einschränkungen der Bewegungsfreiheit, Diät etc.

Noch schwerer als das Aufgeben der oben geschilderten Ich-Fortschritte ist für die meisten kranken Kinder das Aufgeben oder die Einschränkung der Bewegungsfreiheit. Wo die Art oder Schwere der Krankheit selbst es nicht unmöglich macht, verteidigen Kinder ihr Recht auf Bewegung bis aufs Äußerste. Jede Mutter weiß, dass Kinder bei leichteren Erkrankungen zu Hause kaum im Bett gehalten werden können. Manche Kleinkinder, die das Gehen eben erst gelernt haben, stehen in ihren Gitterbetten (selbst bei schweren Kinderkrankheiten, wie z.B. Masern), bis Erschöpfung sie zum Niederlegen zwingt. Manche fortschrittliche Kinderärzte, die den Sachverhalt kennen, verzichten unter diesen Umständen sogar darauf, auf Bettruhe zu dringen.

Was die Bewegungsfreiheit für das Kind bedeutet, lässt sich am besten an den Fällen studieren, in denen Kinder nach einem chirurgischen Eingriff oder zur orthopädischen Behandlung immobilisiert werden müssen. Die Folgen solcher Bewegungsbeschränkung sind von einer Anzahl analytischer Autoren beschrieben und diskutiert worden. So verweist David Levy (1928, 1944) auf den Einfluss der Bewegungsbeschränkung der Glieder auf anderswo im Körper auftauchende stereotype oder ticartige Bewegungen; Mahler, Luke, Daltroff (1945) beschreiben die Unterschiede zwischen mechanisch oder psychisch erzwungener Bewegungsbeschränkung: Greenacre (1944) diskutiert die Bedeutung der Bewegungseinschränkung für die Herabsetzung der Aggressionsentladung, der Spannungsentladung überhaupt und der sich daraus ergebenden Übererotisierung des ganzen Körpers.

Thesi Bergmann (1945) beschreibt aufgrund dreijähriger Arbeit auf einer orthopädischen Abteilung die Abwehrmechanismen, die das kranke Kind instand setzen, die ihm auferlegten Einschränkungen zu ertragen. Sie schildert, dass manche Kinder um so gefügiger werden, je schärfer die einschränkenden Maßnahmen sind, beschreibt aber auch ihre Zorn- und Wutausbrüche, die auftreten, wenn die Einschränkungen wieder erleichtert (nicht aufgehoben) werden oder wenn dem Kind zusätzliche, unerwartete, mit den ärztlichen Vorschriften nicht in Zusammenhang stehende Versagungen zugemutet werden. Dieselbe Autorin betont eine zweifache Beziehung zwischen den stillgelegten Gliedern und anderen Körperteilen oder Funktionen: In manchen Fällen dehnt sich die Stillegung eines Gliedes als neurotische Hemmung auf andere, gesunde Teile des Körpers aus; in anderen kompensiert das Kind für den Verlust der Bewegungsfreiheit am kranken Glied mit einer Überentwicklung von Fähigkeiten und Funktionen auf anderen Gebieten (z.B. Sprache). Sara Dubo (1950) beschreibt ähnliche Vorkommnisse bei Kindern mit Lungentuberkulose. Viele, nicht schriftlich niedergelegte Beobachtungen von Eltern und Lehrern bestätigen die letztgenannten Erfahrungen. Die Verstärkung der aggressiven Neigungen während und nach Immobilisierung (z.B. im Gipsverband) ist allgemein bekannt. Die eingedämmte Aggression äußert sich gewöhnlich in Ruhelosigkeit, gesteigerter Reizbarkeit, dem Gebrauch von Schimpfworten etc.[1].

Verglichen mit dieser massiven Sperrung eines ganzen Abfuhrsystems sind die Esseneinschränkungen, die man Kindern während der Krankheit auferlegt, weniger bedeutsam. In der akuten Krankheit hilft der normalerweise herabgesetzte Appetit dem Kind, die Krankenkost zu akzeptieren. Nur Kinder mit starken oralen Fixierungen, für die die Nahrung oder ihre Entbehrung erhöhte libidinöse Bedeutung haben, reagieren auf die Diät mit Fantasien von schlechter Behandlung und Liebesentzug. In chronischen Krankheiten (wie Diabetes, Nierenstörungen, Colitis, Allergien) mit chronischer Diät besteht die Gefahr, dass die betroffenen Kinder mit Gefühlen des Anders-, Ausgestoßen-, Vernachlässigtseins reagieren oder – um sich nicht passiv beraubt zu fühlen – asketische, selbstverleugnende Tendenzen entwickeln. Im Großen und Ganzen schadet die Versagung einer begehrten Speise dem kranken Kinde wesentlich weniger als wenn eine ängstliche Mutter ihm unwillkommene Nahrung aufdrängt. Mütter, die ihr krankes Kind zum Essen zwingen, verwandeln oft eine sonst leichte, vorübergehende Krankheit in den Ausgangspunkt schwerer, lang anhaltender Essstörungen. Sie rufen auf diese Art Kämpfe wieder ins Leben, die ihren Ursprung in der Säuglingszeit, der Abstillperiode etc. haben. Manchen Kindern bereitet das Einnehmen von Medizinen große Schwierigkeiten,

[1] Die Autorin kennt aus analytischer Erfahrung eine junge Patientin, die als Kind zu orthopädischen Zwecken durch lange Perioden immobilisiert war. Sie pflegte von ihrem Taschengeld ihre Freundinnen für jedes neue Schimpfwort zu bezahlen, das sie ihr aus der Schule nach Hause brachten. Der Gebrauch von Kraftausdrücken war das einzige Ventil für ihre aufgestaute Aggression.

was sie mit dem schlechten Geschmack oder Geruch der Arznei zu rationalisieren pflegen. Eine analytische Untersuchung deckt hinter diesen manifesten Gründen unweigerlich das Vorhandensein unbewusster Fantasien auf, in denen das Kind sich von der Mutter attackiert, vergiftet oder befruchtet glaubt. Das Einnehmen von Abführmitteln, die ohne Zutun des Kindes den Stuhlgang erzwingen, bildet vielleicht das Bindeglied zwischen der Realität und diesen unbewussten Ängsten.

In Bezug auf Bewegungseinschränkung und Essensentzug ist es nicht unwichtig, sich zu erinnern, dass beide Arten von Maßnahmen seit jeher auch als Erziehungsmittel im Gebrauch waren. Eltern schicken noch heute ihre Kinder strafweise auf ihr Zimmer oder ins Bett, oder entziehen ihnen ihre Lieblingsspeisen. In manchen Kreisen wird sogar das zwangsweise Verabfolgen von Abführmitteln verwendet.

d) Operationen

Seit der Entdeckung des Kastrationskomplexes haben Analytiker immer wieder Gelegenheit gehabt, sich zu überzeugen, welchen Einfluss ein chirurgischer Eingriff auf die normale oder abnorme Entwicklung haben kann. Wir wissen heute, dass jede, wo immer am Körper des Kindes ausgeführte Operation als Kernpunkt für die Aktivierung, Reaktivierung und Rationalisierung von Vergewaltigungs- und Kastrationsfantasien dienen kann. Ob es sich um kleine oder große Chirurgie handelt, das Kind deutet die Aktion des Chirurgen im Sinne seiner aktuellen oder regressiv erniedrigten Triebkonstellation. Was die Operation für das Kind bedeutet, hängt darum nicht von ihrer Art oder Schwere ab, sondern von der Art und dem Niveau der Fantasien, die durch sie geweckt werden. Kinder, die ihre eigene frühinfantile Aggression auf die Mutter projizieren, empfinden die Operation als Racheakt, von der Mutter am Kind verübt (Melanie Klein); Kinder in der ödipalen Phase erleben die Operation als Symbol dessen, was sich ihrer Vorstellung nach im Geschlechtsakt zwischen den Eltern abspielt, wobei das Kind selbst in der Fantasie die Rolle des passiven Partners spielt. Kinder unter dem Druck des Kastrationskomplexes empfinden die Operation als Verstümmelung, als Strafe für aggressive Tendenzen, für exhibitionistische Wünsche, für ödipale Eifersucht und onanistische Betätigung. Wird die Operation am Penis selbst ausgeführt (Beschneidungen nach dem ersten Lebensjahr), dann entsteht im Kind unweigerlich Kastrationsangst, auf welcher Stufe der Libidoentwicklung es sich auch befinden mag. Auf der phallischen Entwicklungsstufe anderseits kann jeder operierte Körperteil durch Verschiebung die Rolle des Geschlechtsteils übernehmen. Das Erlebnis der Operation verleiht den verdrängten Fantasien einen Aspekt von Wirklichkeit und steigert dadurch die mit ihnen verknüpften Ängste um das Vielfache. Das Kind steht jetzt unter dem Druck von zwei Gefahren: einer Realgefahr, die vom Chirurgen, und einer inneren Gefahr, die von der Steigerung der fantastischen Ängste ausgeht. Manche Kinder bewältigen diese Situation mit Hilfe ihrer Ich-Mechanismen; andere steigern unter dem Druck der Ängste ihre Abwehrmethoden bis zur Bildung neurotischer Symptome; noch andere, Ich-schwächere, reagieren mit panikartigen Zuständen auf das erlebte Trauma.

In einem vor kurzem erschienenen Symposium über «Die affektiven Reaktionen von Kindern auf Mandel- und Wucherungsoperationen» diskutieren Analytiker, Psychiater, Kinderärzte und Psychologen Verhütungsmaßnahmen, um die traumatische Wirkung der Operation für das Kind herabzusetzen. Sie unterscheiden drei hauptsächliche Gefahrenmomente: die Anästhesie, die Spitalunterbringung, den chirurgischen Eingriff. Unter den vorgeschlagenen Maßnahmen spielen folgende die größte Rolle: Auswahl des richtigen Zeitpunkts für die Operation; sorgfältige psychische Vorbereitung[2]; psychiatrische Hilfe

[2] Eltern fragen oft, wie lange vor der Operation sie dem Kind Mitteilung von dem ihm Bevorstehenden machen sollen. Die Antwort ist nicht ganz leicht zu geben. Wo die Periode der Erwartung zu lang ist, nehmen die Es-

während des Erlebnisses; Möglichkeit der Aussprache und Affektabfuhr.

Wir haben oft Gelegenheit, in der Analyse Erwachsener die Nachwirkung von Kindheitsoperationen zu studieren. Beim männlichen Patienten ist es im Allgemeinen nicht die Kastrationsangst, sondern der Kastrationswunsch, die passiv-femininen Tendenzen, die durch die Operation angeregt werden. Das Kind erlebt dann den chirurgischen Eingriff als Verführung zur Passivität, der es entweder mit verheerenden Folgen für seine Männlichkeit nachgibt, oder gegen die es sich mit Hilfe einer pathologisch übersteigerten Abwehr verteidigen muss. Beide Reaktionen führen zu dauernden postoperativen abnormen Charakterveränderungen.

3. *Die Auswirkungen von Schmerz und Angst*

a) Die psychische Bedeutung des Schmerzes

Kinder reagieren auf die Geschehnisse in ihrem eigenen Körper in sehr wechselnder, von Individuum zu Individuum verschiedener und für den Erwachsenen oft schwer verständlichen Weise. Was das eine Kind als heftigen, unerträglichen Schmerz erlebt, wird vom andern kaum zur Kenntnis genommen. Die analytische Untersuchung dieser auffallenden Verschiedenheiten zeigt, dass der Unterschied nicht im Schmerzerlebnis selbst liegt, sondern in dem Grad, in dem der körperliche Schmerz mit psychischer Bedeutung überlagert ist. Was immer sich in den inneren Organen ereignet oder dem Körper von außen zustößt, das Kleinkind neigt jedenfalls dazu, den peinlichen Vorfall einer äußerlichen Urheberschaft (oder ihrer verinnerlichten Imago) zuzuschreiben. Das Kind empfindet also seine Schmerzen als die Folge eines Angriffs und fühlt sich darum im Schmerz schlecht behandelt,

---

Fantasien überhand; wo sie zu kurz ist, hat das Ich nicht genügend Zeit, um seine Abwehr aufzubauen.

bedroht, bestraft, verfolgt, gefährdet. Das tapfere Kind, das sich nichts aus Schmerzen macht, ist nicht wirklich weniger wehleidig als andere; es steht nur weniger unter der Herrschaft unbewusster Fantasien, die sich mit dem Schmerz verbinden. Auch heftige Schmerzen werden vom Kind gut ertragen, solange sie nicht mit aus unbewussten Quellen stammenden Ängsten besetzt sind. Wo Angst den Schmerz steigert, wird er für das Kind zum wesentlichen Ereignis, an das es lange erinnert wird, und gegen dessen Wiederholung es sich mit phobischen Abwehrmaßnahmen zu schützen sucht.

Je nach der psychischen Bedeutung des einzelnen Schmerzerlebnisses reagiert das Kind außer mit Angst auch mit Ärger, Wut- und Rachegefühlen, eventuell auch mit masochistischer Unterwerfung, Schuldgefühlen und depressiven Haltungen.

b) Schmerz und Angst bei Kleinkindern

Noch schwerer als im späteren Kindesalter ist es, bei der Beobachtung des ersten Lebensjahres das Mischungsverhältnis von psychologischen und physiologischen Elementen im Schmerzerlebnis richtig abzuschätzen. Auf dieser Entwicklungsstufe empfindet das Kind wahrscheinlich jede Unlustspannung als schmerzhaft, ohne viel Unterscheidung zwischen dem mehr diffusen Unbehagen und dem klar umschriebenen Schmerz, der von einer bestimmten Körperstelle oder einem Organ ausgeht. In den ersten Lebensmonaten ist die Reizschwelle niedriger als später; es braucht nicht viel, um eine Sensation der Unlust zum Trauma zu steigern. Der Beobachter muss sich ferner davor hüten, die Größe des Schocks aufgrund der Reaktion des Kindes zu beurteilen. Kinder unter dem ersten Lebensjahr reagieren auf Schmerzreize manchmal umgehend, manchmal nach verschieden langer Pause; manchmal löst der Schmerz überhaupt keine manifeste Reaktion aus.

Die analytischen Autoren der verschiedenen Schulen sind sich nicht darüber einig, von welchem Lebensalter an das körperliche Schmerzerlebnis von psychischen Vorstellungen begleitet wird. An älteren Kleinkindern (2- bis 3-jährig) kann man beobachten, dass Impfungen, Injektionen und Höhensonnebestrahlungen fast identische psychische Reaktionen auslösen, obwohl die zwei ersteren Schmerz und Angst verursachen, die letzteren nur Angst ohne Schmerz.

c) Passive Bindungen an den Kinderarzt

Die psychische Bedeutung des Schmerzerlebnisses macht verständlich, warum viele Kinder den Arzt (und andere Personen, die ihnen Schmerzen zufügen müssen) nicht nur fürchten, sondern auch lieben. Das Schmerzerlebnis appelliert an passiv-masochistische Regungen, die im kindlichen Liebesleben eine große Rolle spielen. Die Bindung des Kindes an Arzt oder Krankenschwester ist oft am Tag nach einer schmerzhaften medizinischen Prozedur besonders stark.

d) Wehleidigkeit als diagnostischer Faktor

In der ödipalen Phase des Knaben ist die Wehleidigkeit – oder ihr Gegenteil – ein nützlicher Fingerzeig für die Differentialdiagnose zwischen echter phallischer Männlichkeit und dem exzessiv-männlichen aggressiven Benehmen, das zur Abwehr passiv-femininer Tendenzen entwickelt wird. Der echt männliche Knabe macht sich nichts aus Schmerzen, während der nur reaktiv männliche schon bei der geringsten Körperverletzung sein psychisches Gleichgewicht verliert.

4. Die Auswirkungen der Krankheit

a) Libidinöse Veränderungen

Die manifesten Reaktionen des Kindes auf Krankenpflege und Diät, Schmerz und Angst sollen unser Interesse nicht von andern bedeutsamen und folgenschweren Vorgängen abziehen, die sich zur gleichen Zeit lautlos und unter der Oberfläche abspielen. Es handelt sich hier um Veränderungen in der Libidobesetzung, bedingt durch den erhöhten Libidoanspruch des kranken Körpers. Manche Mütter haben ein scharfes Auge für die äußeren Anzeichen dieser inneren Prozesse und sind imstande, aus ihnen das Herannahen einer Erkrankung zu erraten, manchmal lange ehe sich die ersten bedeutsamen körperlichen Symptome zeigen. Kinder reagieren auf zwei verschiedene Arten auf den erhöhten Libidoanspruch ihres Körpers. Manche, die als Gesunde guten Kontakt mit ihrer Umwelt, ihrem Spielzeug, den täglichen Ereignissen haben, ziehen sich am Beginn einer Erkrankung von allem zurück und kauern, matt und gelangweilt, in irgendeinem Winkel[3].

Auf der Höhe der Krankheit liegen sie bewegungslos im Bett, kehren das Gesicht an die Wand und lehnen Spielzeug, Nahrung und liebevolle Annäherungen ab. Sie machen den Eindruck von Schwerkranken, auch wenn ihnen nichts fehlt als Halsweh, Bauchweh, leichtes Fieber oder eine der gewöhnlichen Infektionskrankheiten, und jedenfalls jagen sie ihren Müttern durch die auffallende Veränderung ihres ganzen Wesens keinen geringen Schrecken ein. In Wirklichkeit ist diese Veränderung aber nicht körperlich bedingt, sondern psychisch und man tut unrecht, aus ihrer Schwere auf die Schwere der Krankheit zu schließen. Das Kind zieht seine Libido von der Umwelt ab und besetzt mit ihr seinen durch die Krankheit bedürftig gewordenen Körper. Der Vorgang macht einen unheimlichen, bösartigen Eindruck, ist aber in Wirklichkeit gutartig, d. h. der Herstellung günstig.

Die Kinder eines zweiten libidinösen Typus verhalten sich aus noch unaufgeklärten Ursachen in umgekehrter Weise. Unfähig, ihrem eigenen kranken Körper die zusätzliche narzisstische Besetzung, die er verlangt, zuzuwenden, erwarten sie den Zusatz an Liebe und Aufmerksamkeit von der pflegenden Mutter und

---

[3] Vergessen wir nicht, dass die Mattigkeit auch körperliche Ursachen hat.

werden dadurch in einer ihrem Alter nicht mehr entsprechenden Weise anspruchsvoll, quälerisch und von der Anwesenheit der Pflegeperson abhängig. Sie verhalten sich wie Säuglinge, d. h. wie in der Lebenszeit, in der die Besetzung des kindlichen Körpers mit mütterlicher Libido der Hauptfaktor ist, der das Kind vor Schaden, Destruktion und Selbstdestruktion schützt[4].

Der oberflächliche Beobachter sieht nur, dass die kranken Kinder des ersten Typus «anspruchslos» sind, die des zweiten «anspruchsvoll». In beiden Fällen geht die allmähliche Gesundheit Hand in Hand mit der allmählichen Normalisierung der Libidoverteilung, allerdings nicht ohne Schwierigkeiten und Rückfälle, während derer das Kind noch nicht ganz wieder das frühere Wesen zurückgewinnt. In manchen Fällen bleibt die abnorme Libidoverteilung auch durch längere Zeit bestehen und erzeugt die oben geschilderten, nach vielen Krankheiten auftretenden, sonst unerklärten Veränderungen der Persönlichkeit.

b) Der Körper des Kindes als Eigentum der Mutter. Die Hypochondrie

Trotz aller gegenteiligen Erwartungen der Mütter sind Kinder – auch wenn sie dem Stadium des Kleinkinds längst entwachsen sind – nicht imstande, für ihren eigenen Körper zu sorgen oder ohne Überwachung die Vorschriften der Hygiene und Gesundheitspflege einzuhalten. So oft eine stolze Mutter sich rühmt, dass ihr Kind sich vor dem Essen ohne Aufforderung die Hände wäscht, können wir nachweisen, dass das betreffende Kind ein Zwangscharakter und seine scheinbar vernünftige Reinlichkeit eine zwangsneurotisch-magische Abwehr gegen fantastische Gefahren ist. Kinder, die sich selbst gegen Zugluft und Kälte schützen, tun es, weil sie Todesängste haben; wenn sie vorsichtig sind, was sie essen, hat es seinen Grund in Vergiftungsideen;

[4] Siehe W. Hoffer, 1950.

wenn sie mäßig oder asketisch im Essen sind, wehren sie Schwangerschaftsfantasien ab. Normale Durchschnittskinder beobachten keine dieser Vorsichten. Sie essen mit schmutzigen Händen, überessen sich, freuen sich an grünen Äpfeln und sonstigem unreifen Obst, trotzen der Kälte und Nässe, solange die Mutter sie nicht mit Güte oder Strenge, Drohung oder Strafe davon abhält. Wenn ihrem Körper ein Schaden geschehen ist, lassen sie sich bestenfalls von der Mutter pflegen, wenn sie sich nicht auch da noch aus besten Kräften gegen die Pflege wehren. Sie benehmen sich, als wäre die Instandhaltung ihres Körpers nicht ihre Angelegenheit, sondern ausschließlich die der Mutter und beharren bei dieser Einstellung, die offenbar ein wichtiges Element der Mutter-Kind-Beziehung ist, bis zum Erwachsensein. Noch in der Pubertät, ehe der junge Mensch die volle Unabhängigkeit von den Eltern erwirbt, ist die Vernachlässigung aller Gesundheitsregeln oft ein zentraler Punkt in den erbitterten Meinungsverschiedenheiten, die sich zwischen den Halbwüchsigen und ihren Müttern abspielen.

Bei mutterlosen, verwaisten und Anstaltskindern ist der Sachverhalt ein völlig anderer. Weit entfernt davon, die Freiheit von ängstlicher mütterlicher Fürsorge zu genießen (wie wir es aufgrund der ständigen Revolte der bemutterten Kinder erwarten würden), geben mutterlose Kinder in ganz erstaunlicher Weise auf ihren eigenen Körper acht. In einer der Autorin bekannten Anstalt für Kleinkinder war es oft schwierig, ein Kind dazu zu bringen, auch bei warmem Wetter seinen Pullover oder seinen Mantel abzulegen. «Ich könnte mich erkälten», war die Einwendung. Andere wieder verlangten und trugen gewissenhaft Überschuhe, «um keine nassen Füße zu bekommen». Manche Kinder verfolgten ängstlich, ob sie auch lang genug schliefen, andere, ob sie auch richtig ernährt würden. Es schien, als ob alle Ängste um die Gesundheit des Kindes, die den abwesenden Müttern zugehörten, nach der Trennung oder nach dem Verlust der mütterlichen Fürsorge von den Kindern selbst übernommen worden wären und ihr Benehmen bestimmten. In Identifizierung mit der zeitweise oder für immer verlorenen Mutter nimmt das Kind seinem Körper gegenüber ihre Stelle ein und beginnt, auf ihn achtzugeben, wie sie es in der Vergangenheit getan hat[5].

Ein solches Verhalten der Kinder zu ihrem eigenen Körper erinnert in auffallender Weise an das Benehmen des erwachsenen Hypochonders, zu dessen Verständnis wir vielleicht von hier aus Zugang gewinnen können. Das der mütterlichen Fürsorge beraubte Kind übernimmt die Rolle der pflegenden Mutter sich selbst gegenüber und spielt «Mutter und Kind» mit seinem eigenen Körper. Der erwachsene Hypochonder, der seine Libido von der Objektwelt abzieht, um sie auf seinen Körper zu konzentrieren, handelt ähnlich. Sein mit Libido übersetzter Körper repräsentiert ihn selbst als Kind, über das sein erwachsenes Ich in der Rolle der Mutter die Obhut übernimmt. Je stärker die Identifizierung mit der liebenden Mutter und ihrer Fürsorge für ihren Säugling ist, desto höher steigert sich die Empfindlichkeit für alle Vorgänge in seinem Körperinnern. Die hypochondrische Phase, die so vielen psychotischen Erkrankungen vorangeht, entspräche somit einer Regression, d. h. der symbolischen Wiederherstellung der frühesten Körpereinheit zwischen Mutter und Kind.

5. *Zusammenfassung*

Im Anschluss an eigene und fremde Untersuchungen über das Phänomen der infantilen Trennungsangst (Folgen der Hospitalisierung etc.) setzt die Autorin sich in der vorstehenden Arbeit mit weiteren Faktoren auseinander, die bei der psychischen Reaktion des Kindes auf körperliche Erkrankung eine Rolle spielen. Die

[5] Zur Illustration das Beispiel eines sechsjährigen mutterlosen Knaben. In einer lang dauernden nächtlichen Attacke von Brechdurchfall hörte man ihn zu sich selbst sagen: «Ich, mein Liebes.» Auf die Frage, was das bedeute, antwortete er: «Dass ich mich lieb habe. Man soll sich doch lieb haben, nicht wahr?»

Folgen der von der Umwelt beeinflussbaren pflegerischen und ärztlichen Maßnahmen werden unterschieden von den Erscheinungen, die – wie Schmerzwirkung und Libidoverschiebungen – durch den Krankheitsprozess selbst bedingt sind. Das Verhalten verwaister Kinder, die in der Rolle der Mütter den eigenen Körper pflegen, wird verglichen mit dem des erwachsenen Hypochonders, der nach dem Libidoabzug von der Objektwelt Mutter und Kind mit seinem Körper spielt. Rückkehrend zu den Problemen der Trennungsangst und Hospitalisierung, betont die Autorin noch einmal, wie schwerwiegend und gefährlich es ist, ein junges Kind gerade dann von der rechtmäßigen Besitzerin seines Körpers zu trennen, wenn dieser Körper krank, d. h. von äußeren und inneren Gefahren bedroht ist.

Einige Bemerkungen zur Säuglingsbeobachtung

Die hier folgenden Ausführungen stammen aus einem Vortrag, gehalten vor Studenten der Western Reserve University in Cleveland, dem ersten Jahrgang des im Herbst 1952 neu eingeführten Studiengangs der Medizin. Es gehört zu den Neuerungen dieses revolutionären Lehrplans, dass jedem jungen Studenten – statt einer Leiche zur Sektion – eine der schwangeren Frauen zugewiesen wird, die an der Gebärklinik in vorgeburtlicher Untersuchung stehen. Jeder Student sieht die ihm zugeteilte Mutter wiederholt während der Schwangerschaft, ist bei der Geburt des Kindes anwesend und bleibt weiterhin während der Dauer seines Studiums mit Mutter und Kind in Verbindung. Er hat auf diese Art Gelegenheit, das körperliche und seelische Wachstum eines gesunden Säuglings, wie auch die Entwicklung der Beziehung zwischen Mutter und Kind von Beginn an zu verfolgen.
Mit Rücksicht darauf, dass die Hörer mit psychologischen Tatsachen, den Gedankengängen und der Terminologie der Psychoanalyse noch nicht vertraut waren, war die Autorin bemüht, ihre Bemerkungen auf die wichtigsten und einfachsten Grundtatsachen einzuschränken.

Der junge Medizinstudent, dem ein Neugeborenes als Studienobjekt für die seelische Entwicklung des Menschen zur Verfügung steht, mag davon begeistert und fasziniert – oder auch enttäuscht sein. Man sieht wenig an einem Neugeborenen in den ersten Lebenstagen und -wochen, wenn man nicht von vornherein weiß, worauf der Blick zu richten ist. Anleitung bezüglich der Beobachtungsrichtung und Hilfe bezüglich der Zusammenstellung der Beobachtungsdaten ist notwendig. Der Beobachter muss vor allem akzeptieren, dass sein Beobachtungsfeld im Beginn von Natur aus eingeschränkt ist. Ähnlich wie die Leiche, an der der

Medizinstudent unter gewöhnlichen Umständen zu lernen beginnt, scheint auch das Neugeborene zuerst ganz Körper ohne Seele, allerdings ein Körper voll von Leben. Erst das Sehen und Verstehen der Lebensäußerungen, einzeln und in ihrer Wechselwirkung, führt dann zum Erkennen der ersten Anzeichen der erwachenden kindlichen Seelentätigkeit.

Dass die ersten Lebensäußerungen einfach und unkompliziert sind, erleichtert die Aufgabe des Beobachters. Der Säugling schläft, erwacht, schreit, beginnt zu lächeln, trinkt, entleert Darm und Blase etc. – Vorgänge, die leicht auszunehmen sind. Der Beobachter lernt bald zwei Hauptzustände zu unterscheiden, in die die Lebensäußerungen sich einfügen. Der eine ist ein Zustand von Ruhe und Zufriedenheit, in dem sich im ruhenden Körper des Säuglings scheinbar nichts ereignet, ohne Signale an die Umwelt und ohne besondere Anknüpfungspunkte für unser Interesse. Im zweiten Zustand ist der Säugling in körperlicher Unruhe, schreit und verrät deutliches Missbehagen, Unzufriedenheit oder Schmerz. Der Beobachter lernt als nächstes zu verstehen, dass die Zustände der zweiten Art unter dem Druck eines Körperbedürfnisses entstehen: nach Nahrung, Schlaf, Aufnehmen, Trockenlegen, Wärme oder nach der Beseitigung übermäßiger Reize durch laute Geräusche oder grelles Licht. Für das Verständnis des Beobachters ist es von Hilfe, dass die Notsignale, mit denen der Säugling seine Bedürfnisse anmeldet, von den Reaktionen älterer Kinder oder Erwachsener in Zuständen von Bedürfnisspannung nicht zu verschieden sind.

Auch die Beziehung der beiden Hauptzustände zueinander ist unschwer zu verfolgen. Der Säugling ist noch nicht fähig, seine Bedürfnisse selbst zu befriedigen. Er braucht die Hilfe einer Mittelsperson, der Mutter oder Pflegerin. Sobald die Hilfe geleistet ist, macht die hochgradige peinliche Spannung in seinem Körper dem Gefühl der Erleichterung Platz: das Schreien geht in Lächeln über, Unruhe in Ruhe, Wachsein in Schlaf. Dem Beobachter kann kein Zweifel bleiben, dass das Bedürfnis des Säuglings gestillt und sein Zustand aus dem der Not in den der Befriedigung übergegangen ist. Wer diesen Wechsel der Erscheinungen wiederholt beobachtet hat, kann die beiden Hauptzustände oder -stimmungen des Säuglings nicht mehr miteinander verwechseln; er hat gelernt, ohne Weiteres zwischen einem befriedigten und einem unbefriedigten Säugling zu unterscheiden, d.h. Lust und Unlust, Zunahme und Abnahme der Spannung, Vorhandensein und Abwesenheit störender Reize zu erkennen. Mit diesen grundlegenden Unterscheidungen hat der junge Mediziner seinen ersten Schritt in der Säuglingsbeobachtung zurückgelegt.

Auf diesen ersten Schritt folgt dann unmittelbar der zweite. Ein erfolgreicher Beobachter muss nicht nur erkennen, ob eine Bedürfnisspannung vorhanden ist oder nicht, er muss auch lernen, die Anzeichen für die verschiedenen Bedürfnisse auseinanderzuhalten – eine Unterscheidung, die schon schwieriger zu treffen ist. Der Säugling reagiert auf jedes unbefriedigte Bedürfnis mit Schreien, verwendet also dasselbe Signal für die Empfindung von Hunger, Schmerz, Unbehagen oder Verlassensein. Die Stärke des Bedürfnisses lässt sich an der Stärke des Schreisignals abmessen, die Art der gewünschten Befriedigung, ob Nahrung, Trost, Lageveränderung etc. ist nicht mit derselben Leichtigkeit erkennbar.

Wo aber die objektive Methode den geschulten Beobachter im Stich lässt, entwickelt die ungeschulte Mutter aufgrund ihrer subjektiven Gefühlsbindung an den Säugling ein Ohr für seine Bedürfnissprache. Für sie klingt der Schrei des hungrigen Kindes anders als sein Schreien aus Müdigkeit oder Schmerz. Erfahrene Kinderfrauen und – seit Einführung moderner Unterrichtsmethoden – junge, aufmerksame Säuglingspflegerinnen entwickeln die gleiche Fähigkeit. Was für den Außenstehenden nicht mehr ist als ein Anzeichen von vagem Unbehagen irgendwo im Körper des Säuglings, bedeutet für sie die Anzeige der verschiedensten Zustände, die ebenso viele verschiedene Maßnahmen erfordern: Das aus Angst schreiende Kind muss aufgenommen und beruhigt werden, um wieder einschlafen zu können; das aus Schmerz schreiende braucht Linderung für Magen oder Darm; das sich in

Verzweiflung steigernde muss in seinem Paroxismus unterbrochen werden; der müde Säugling, der nur durch eine Phase von Unbehagen geht, wird sich, ohne Eingriff von außen, in friedlichen Schlaf schreien. Unser Medizinstudent, dem das Verständnis der kundigen Frauen unbegreiflich scheint, braucht sich anderseits nur an ähnliche Leistungen seinerseits zu erinnern. Wenn er z.B. Besitzer eines Automobils ist, wird es ihm nicht einfallen, irgendein harmloses Klappern am Chassis mit einem ominösen Klopfen im Motor zu verwechseln. Was für den fremden Fahrgast im Wagen ein bloßes Geräusch ist, verwandelt sich für den der Mechanik kundigen Besitzer in eine verständliche Sprache von Notsignalen. Nichts anderes ist die erste Sprache des Säuglings, von der Mutter richtig gedeutet und beantwortet. Der beobachtende junge Mediziner kann nicht die subjektive, gefühlsmäßige Einstellung der Mutter entwickeln; sie ist für ihn unerreichbar. Was er entwickeln kann, ist ein vergleichbar starkes Interesse und Vertrautsein mit den Phänomenen des Säuglingsalters.

Die Notwendigkeit, die Bedürfnissprache des Säuglings zu verstehen, ist durch gewisse Entwicklungen in der modernen Säuglingspflege heute noch größer geworden, als sie früher war. In der unpsychologisch eingestellten, voranalytischen Ära war die Säuglingsernährung in den westlichen Ländern unter ausschließlicher Berücksichtigung physiologischer Bedürfnisse strengen ärztlichen Regeln unterworfen. Diese objektive, starre, drei- oder vierstündige Fütterung ist in den letzten Jahren von größerem Eingehen auf das subjektive Bedürfnis des Säuglings abgelöst worden, eine Entwicklung, die – vor allem in Amerika – zu dem revolutionären Begriff des «Feeding on Demand» (Fütterung auf Wunsch) geführt hat. Für den Erfolg dieser Methode scheint es aber unerlässlich, dass die Schreisignale des Kindes richtig gedeutet werden. Es ist zwar wahr, dass ein unzufriedener Säugling durch Nahrungszufuhr beruhigt werden kann, auch wenn seine Unbefriedigung auf anderen Ursachen als Hunger beruht. Aber als Methode scheint es kurzsichtig und gefährlich, das junge Individuum daran zu gewöhnen, dass Bedürfnisse, die aus anderen

Quellen stammen, durch Nahrung befriedigt werden. «Feeding on Demand» im strikten Sinne des Wortes sollte nur dann erfolgen, wenn der Wunsch des Säuglings auf Nahrung gerichtet ist und auf nichts anderes.

Der junge Mediziner, der zu einem so klaren und detaillierten Verständnis der Bedürfnisvorgänge vorgedrungen ist, steht jetzt vor einem Erlebnis: Er kann mitansehen, wie der kleine Körper des Säuglings aus sich heraus den Beginn dessen schafft, was wir Psyche nennen. Diese Möglichkeit, bei der Geburt der Psyche aus dem Körper Zeuge sein zu dürfen, ist für die meisten Studenten ein unvergesslicher Eindruck, der nicht ohne Folgen bleiben kann. Der zukünftige Arzt erwirbt sich hier für immer den Respekt vor der Kraft, vor der Bedeutung und der komplizierten Funktionsweise der menschlichen Psyche, wie auch vor ihrer engen Verwobenheit mit den Bedürfnissen und Funktionen des menschlichen Körpers.

Was in psychischer Hinsicht im Neugeborenen und jungen Säugling vor sich geht, ist eine offene Frage, deren Beantwortung in den letzten Jahren die psychoanalytische Wissenschaft in steigendem Maße beunruhigt. Manche analytische Autoren (die Schule Melanie Klein) schreiben schon dem Neugeborenen komplizierte seelische Prozesse zu, mit einer Vielzahl von Affekten, welche die Betätigung der Triebe begleiten; darüber hinaus sogar komplizierte Reaktionen auf Triebe und Affekte, wie z. B. Schuldgefühle. Andere, darunter die Autorin, meinen, dass die Innenwelt des Säuglings in den ersten Lebenstagen und -wochen im Wesentlichen aus den Gefühlen der Lust-Unlust-Reihe besteht: Unter der Einwirkung von körperlichen Bedürfnissen (oder störenden Außenweltreizen) entsteht Unlust; wenn das Bedürfnis befriedigt oder die Reizquelle beseitigt ist, entsteht Lust. Aufgrund dieser Empfindungen mit ihrer kontrastierenden Natur organisiert das Kind die Instanz, die es später als sein Ich empfindet.

Wir stellen uns die Entwicklung dieser Ich-Instanz in folgender Weise vor: Wiederholte Lusterlebnisse lehren den Säugling, was es ist, das ihm Lust bereitet. Das hungrige Kind z. B. formt unter dem wiederholten Eindruck des Genährtwerdens etwas, was vorher nicht in ihm vorhanden war: eine Bildvorstellung der lustbringenden Nahrung. Von nun an wird, sobald ein Hungergefühl auftaucht, zu gleicher Zeit auch die Vorstellung der ersehnten Nahrung geweckt werden. Das hungrige Kind sieht in seiner Vorstellung die Milch oder die Mutter, die die Milch bringt oder die Mutterbrust oder die Flasche, aus der die Milch gesaugt wird. Das Phänomen des Hungers und die Imagines sättigender Objekte und Vorgänge sind von nun an untrennbar miteinander verbunden. Diese Form der «Halluzination» (von manchen Autoren als «Fantasie» bezeichnet) ist die Vorstufe aller weiteren psychischen Funktionen.

Anderseits verhält sich, von unserer erwachsenen Vorstellungswelt aus gesehen, der Säugling sehr eigentümlich zu seinen inneren Imagines. Nachdem er wieder und wieder erlebt hat, dass auf das tatsächliche Auftauchen der Mutter oder ihrer Brust ein Sättigungsgefühl im Magen folgt, erwartet er, dass sein inneres Bild von ihr ein ähnliches Befriedigungserlebnis zeitigt. Das kann natürlich nicht geschehen; die Halluzination der Mutter oder ihrer Brust führt nicht zur Spannungslösung. Das Bedürfnis wird nicht befriedigt, bevor nicht das Notsignal gegeben und das reale Objekt erschienen ist. Nach häufiger Wiederholung dieser Aufeinanderfolge lernt der Säugling zwischen einem inneren Vorstellungsbild und der Wahrnehmung einer Person in der Außenwelt zu unterscheiden: Beide mögen gleich aussehen, aber das Gefühl, das sie erzeugen, ist verschieden. Diese neue Fähigkeit, zwischen der Wahrnehmung der Wirklichkeit einerseits und den inneren Vorstellungen anderseits zu unterscheiden (Realitätsprüfung) ist einer der wichtigsten Fortschritte in der psychischen Entwicklung des Säuglings. Ältere Kinder und normale Erwachsene haben keine Schwierigkeit, auseinanderzuhalten, ob das, was sie sehen, durch äußere Sinneswahrnehmung hervorgerufen ist oder durch ein inneres Bedürfnis. Sie prüfen die Wirklichkeit und erkennen ihre Fantasieprodukte als irreal, eine Fähigkeit, die

Grundbedingung für ein normales Leben ist. Im Falle späterer, schwerer geistiger Erkrankung kann diese Fähigkeit allerdings auch wieder verlorengehen. Für den zukünftigen Psychiater ist es gut, sich zu merken, dass die Halluzinationen seiner künftigen psychotischen Patienten im Grunde dasselbe sind wie die Milch- oder Mutter-Imagines des Säuglings. Beide, Psychotiker wie Säugling, erwarten von ihren inneren Vorstellungsbildern die Befriedigungen, die ihnen in Wirklichkeit nur die reale Umwelt geben kann.

Mit fortschreitender Entwicklung haben die Reaktionen des Säuglings auf seine Lust-Unlust-Erlebnisse inzwischen eine weitere Wandlung erfahren: Er beginnt, sich an Vorhergegangenes zu erinnern. Der Beobachter bemerkt, dass das Kind unter dem Druck eines Bedürfnisses jetzt aufgrund vorhergegangener Erfahrung handelt. Der Säugling, der viele Male erlebt hat, dass das Erscheinen der Flasche vom Sättigungsgefühl gefolgt wird, wendet sich jetzt im Hunger dem lustspendenden Gegenstand zu. Er weiß, was ihm Unlust bereitet und wendet sich davon ab. Er hat erfahren, dass sein Schreien die Mutter herbeibringt, offenbar die Macht hat, sein inneres Bild von ihr in ihre reale Gegenwart zu verwandeln. Dies gibt seinem Schreien einen neuen Aspekt von Zweckhaftigkeit. Der geübte Beobachter merkt, dass das Schreien sich dementsprechend aus einem bloßen Notsignal in ein machtvolles Instrument, eine Waffe, verwandelt, die das Kind benutzt, um seine Umwelt zu beherrschen.

Es ist wichtig für den Beobachter, die Reaktionen des Säuglings auf das Kommen und Gehen der Mutter zu studieren, wobei er sich davor hüten muss, die Beziehung des Kindes zur Umwelt durch die Augen des Erwachsenen zu sehen. Für den Beobachter ist der Säugling eine von der Umwelt abgetrennte Einheit; der Säugling selbst aber weiß noch nicht, wo er endet und die Umwelt beginnt. Das Kind, das anfängt, in seinem Innern ein erstes Bild des eigenen Selbst zu konstruieren, tut es nach dem einzigen für ihn bedeutungsvollen Prinzip: nach dem Lustprinzip. Es nimmt alles, was sich gut, befriedigend, lusterzeugend anfühlt, als Teil seiner selbst an und weist alles aus sich heraus, was unlusterzeugend und unangenehm ist. Dieser kindlichen Denkweise entsprechend ist die Mutter, die «gut», d. h. befriedigend ist, ein Teil seiner selbst. Der Säugling, den die Mutter auf dem Schoß hält, macht keinen Unterschied zwischen seinem eigenen und ihrem Körper; er spielt mit ihrer Brust, ihrem Haar, ihrer Nase, ihren Augen, so wie er mit seinen eigenen Fingern oder Zehen spielt oder seine eigenen Körperöffnungen entdeckt. Er ist überrascht und empört, wenn die Mutter von ihm fortgeht, als ob ein Teil seines eigenen Körpers sich ihm plötzlich entzogen hätte. Erst durch die immer wiederholte schmerzliche Erfahrung, dass er die Mutter zeitweise verliert, lernt das Kind allmählich im Laufe des ersten Lebensjahres, dass das große Lust-Ich, das es in seiner Vorstellung errichtet hat, nicht zur Gänze sein eigen ist. Teile davon gehen fort und werden Umwelt, andere Teile bleiben bei ihm. Der Beobachter kann verfolgen, wie der Säugling lernt, die wirkliche Ausdehnung und die Grenzen seines Körpers zu erkennen. Wie wir wissen, ist das erste innere Bild, das ein Mensch von sich hat, ein Körperbild. Erwachsene denken von sich als einem Ich; Kleinkinder denken – oder richtiger gesagt – fühlen sich als einen Körper.

Der Beobachter soll wissen, dass Fortschritte, wie der einer Scheidung zwischen Ich und Umwelt, dem Kind nicht leicht fallen; sie beinhalten das Aufgeben lustvoller Meinungen und Haltungen. Reste der früheren Einstellungen bleiben übrig, tauchen gelegentlich in spielerischer Form wieder auf oder kommen in späteren Entwicklungsphasen, lange nachdem die Grundzüge des Körper-Ichs im Kind Wurzel gefasst haben, wieder an die Oberfläche. So kann sich zum Beispiel ein ein- bis zweijähriges Kind der Mutter gegenüber gelegentlich noch so verhalten, als ob sie und es nur ein Körper wären. Ein Kind, das am Daumen lutscht, nimmt dann plötzlich den Daumen der Mutter und steckt ihn in den eigenen Mund oder es hebt plötzlich seinen Finger hoch und steckt ihn in den Mund der Mutter. Oder aber es führt plötzlich mitten im Essen seinen Löffel zum Mund der Mutter und füttert dann abwechselnd sich und sie. Die Mütter begrüßen ein solches Verhalten als erstes Zeichen von Großmut und Gebefreudigkeit – was es nicht ist. Es verschwindet wieder, wenn die letzten Reste der Verwechslung zwischen eigenem und mütterlichem Körper überwunden sind, kann allerdings im Erwachsenen wieder aufleben, wenn im Liebesspiel der Geschlechter ein ähnliches Verschmelzen zweier Körper zu einem einzigen angestrebt und für kurze Augenblicke auch erreicht wird. Für das Verständnis unseres Studenten wird es jedenfalls von Nutzen sein, zu sehen, wie die Ausläufer dieser frühkindlichen Verhaltensweise sich ins zweite Jahr und länger erstrecken können, d.h. bis in ein Alter, in dem die besseren Verständnismittel des Kindes keinen Zweifel mehr an Zweck und Bedeutung des Benehmens bestehen lassen.

Aber selbst während die Grenzen des kindlichen Ichs noch verschiebbar und schwankend sind, ist für den Beobachter das Wachsen der inneren Ich-Organisation nicht zu verkennen. Die diffusen Empfindungen der ersten Lebenszeit ordnen sich allmählich zu organisierten Erfahrungen. Im Neugeborenen entstehen Lust, Unlust, Hunger, Sättigung, Behagen und Unbehagen, von jedem zufälligen Bedürfnis geweckt, um gleich nach der Befriedigung wieder in Vergessenheit zu verfallen. Wie das Sprichwort sagt, liegen beim jungen Säugling Lachen und Weinen nahe beieinander. Er kann mitten im Schreien lachen oder lächeln oder aufgrund eines leichten Reizes mitten aus der Behaglichkeit plötzlich losschreien. Lustvolle Erwartung und Wut, Ärger und Zärtlichkeit erscheinen fast gleichzeitig, aber wie ohne Verbindung miteinander. Jedes Geschehen ruft seine eigene Reaktion hervor; was fehlt, ist die Synthese der Erfahrungen.

Mit zunehmendem Alter des Säuglings stellt sich nun mit wachsender Stärke und Präzision diese innere Synthese der Wahrnehmungen, Empfindungen und Reaktionen her, die in der zweiten Hälfte des ersten Lebensjahres die diffusen psychischen Elemente in eine provisorisch organisierte, primitive Persönlichkeit zusammenfasst. Es entsteht ein Kernpunkt im Bewusstsein, in welchem Erfahrungsmaterial für späteren Gebrauch aufbewahrt wird, wo widerstreitende Gefühle aufeinandertreffen und sich voneinander abziehen und wo nicht nur der Unterschied zwischen Lust und Unlust, sondern auch der zwischen Ich und Außenwelt und zwischen Qualitäten wie fremd und vertraut, wirklich und imaginär abgewogen wird; eine beginnende Differenzierung zwischen Gegenwart, Vergangenheit und naher Zukunft wird verzeichnet. Der Säugling wird jetzt beginnen, nicht nur die Mutter zu erkennen, sondern auch den Beobachter, vorausgesetzt, dass er oft genug erscheint. Er wird Interesse an seiner Umwelt zeigen und Beziehung zu ihr aufnehmen, auch wenn ihn kein dringendes Körperbedürfnis dazu zwingt.

So weit ungefähr reicht die Entwicklung der Funktions- und Verhaltensweisen des Kindes bis zum Ende des ersten Lebensjahres.

Wir haben uns bisher benommen, als würde die Mutter des Säuglings für die Beobachtungen des Studenten keine Rolle spielen; damit haben wir nur dasselbe getan wie der Säugling selbst: ihr Vorhandensein als gegeben angenommen. Ihre Existenz ist für das Kind selbst so wesensnotwendig, dass es für den Beobachter – wie für das Kind selbst – kaum möglich ist, sich sein Leben ohne sie vorzustellen.

Ungleich den meisten jungen Tieren, die bald nach der Geburt lernen, sich selbst zu erhalten, bleibt das menschliche Kind für lange Zeit in voller Abhängigkeit. Monate vergehen, ehe es nur etwas feste Nahrung greifen und zum Mund führen kann; flüssige Nahrung muss ihm bis zum Mund gebracht werden. In den ersten Wochen und Monaten ist das Kind unfähig, auch nur seine Lage selbst zu verändern; auch wenn das erreicht ist, ist noch lange Zeit Hilfe nötig, um sich aufzusetzen und hinzulegen. Der Säugling würde hilflos in seinem Kot und Urin liegen, wenn nicht für Windeln und Reinlichkeit gesorgt würde. Ohne Pflege der Mutter oder ihrer Ersatzperson ist er dem Tod verfallen, denn keine äußere Not kann ihn lehren, zu dieser Zeit seines Lebens selbst für seine Bedürfnisse zu sorgen. Wir betrachten darum die pflegende Mutter und das von ihr abhängige Kind als ein untrennbares Paar, untrennbar im wahrsten Sinne des Wortes. Außer im Schlaf duldet der Säugling kaum, dass die Mutter ihn verlässt.

Die ständige Anwesenheit und Fürsorge der Mutter führt anderseits dazu, das wahre Bild und Ausmaß der Bedürfnisse des Säuglings für die Beobachtung zu verfälschen. Es ist ihre Aufgabe, Bedürfnisspannungen zu beseitigen, sobald sie entstehen und dem Säugling Befriedigung zu verschaffen, noch ehe seine Not zur Verzweiflung angestiegen ist. Der wohlversorgte Säugling scheint für den Außenstehenden darum «wenig zu bedürfen». Erst wenn die pflegende Mutter abwesend ist, merkt der Beobachter, welche Unmenge von Dienstleistungen der gleiche Säugling beansprucht, vom Morgen bis in die Nacht hinein; Ruhe gibt er seiner Umgebung nur, wenn er selbst ruht, d.h. schläft.

Die Hingabe der Mutter an ihr Kind kann ferner den Beobachter leicht übersehen lassen, was für ein undankbares Wesen ein Säugling eigentlich ist: Er beachtet seine Versorgerin nur dann, wenn er sie braucht. Wenn er nicht hungrig, nicht kalt, nicht durch Schmerzen oder sonstiges Unbehagen gestört ist, wendet er seiner Umgebung – bildlich gesprochen – den Rücken zu und schläft ein. Sobald ein Bedürfnis ihn weckt, wird er ganz Aufmerksamkeit für die Mutter, als wollte er fragen: «Wo bleibt meine Versorgerin? Bist du da, kannst du mir geben, was ich brauche?» – und die Verzweiflung ist groß, wenn sie in diesem kritischen Augenblick nicht zur Stelle ist.

In eingehender Beobachtung lässt sich während des ersten Lebensjahres die allmähliche Wandlung der Mutter-Kind-Beziehung von ihrem ersten infantilen gierig-egoistischen Stadium bis zu einer reiferen, dem Partner zugewandten Bindung verfolgen. Wenig Entwicklungsfortschritte sind so faszinierend mitanzusehen, wie dieser Fortschritt in der Objektbeziehung. Anfangs erscheint die Mutter-Imago in der Vorstellung des Kindes nur unter dem Druck eines Bedürfnisses und verschwindet nach der Befriedigung. Dann befestigt sie sich allmählich, genährt von den Erinnerungen an alle die Befriedigungserlebnisse, die mit ihr verknüpft sind. Das Kind baut jetzt auf, was wir seine erste echte

Liebesbeziehung nennen können, eine Bindung, die in steigendem Maße von den in seinem Körper fluktuierenden Lust-Unlust-Vorgängen unabhängig wird. Die Mutterbeziehung wird konstant.

Wenn die Mutter ihre pflegende und versorgende Rolle stetig versieht, ohne übermäßig lange Unterbrechungen durch physische Abwesenheit oder übermäßig starke Gefühlsschwankungen, dann wird die Objektbeziehung zu ihr zur Basis für die Entwicklung aller weiteren Beziehungen zur Umwelt, zum Vater, zu den Geschwistern, letzten Endes zu Personen außerhalb des Familienkreises. Wenn aber die Mutter ihre Aufgabe als Versorgerin nur gleichgültig versieht oder zu viele fremde Ersatzpersonen an ihre Stelle treten lässt, dann wird die Wandlung der ersten materiellen «Liebe durch den Magen» zu einer echten, dauernden Liebesbeziehung lange auf sich warten lassen. Ein schlecht gepflegter Säugling konzentriert seine Sorge ganz auf seine Befriedigungen und versäumt es, den wichtigen Schritt von der materiellen Abhängigkeit zur echten Liebesbindung zu machen.

Der zukünftige Arzt oder Psychiater wird gut daran tun, sich die Bilder dieser zwei Stufen im Liebesleben des Kleinkinds einzuprägen: nennen wir die erste die Stufe der narzisstischen, inkonstanten, die zweite, die Stufe der objektgerichteten, konstanten Bindung. Normalerweise entwächst das Individuum der ersten Stufe, kann aber bei gewissen Anlässen im späteren Leben wieder auf sie zurückfallen. Ein solcher Anlass sind z. B. schwere körperliche Krankheiten. Der durch die Krankheit «hilflos wie ein Säugling» gewordene Erwachsene konzentriert, ganz wie in der ersten Kindheit, sein ganzes Interesse auf die Bedürfnisse seines kranken Körpers. Seine Haltung gegenüber den Schwestern, Ärzten oder den ihn pflegenden Familienmitgliedern gleicht der Abhängigkeit des Säuglings von der Mutter. Ein dringendes Verlangen nach Pflege wechselt ab mit Perioden von Gleichgültigkeit gegen die Umwelt, wenn sein Körper sich schmerzfrei fühlt. Ferner gibt es auch Individuen, die ihr Leben lang in ihren menschlichen Beziehungen infantil bleiben. Sie bringen es zu keiner Konstanz in ihrem Liebesleben und wechseln ihre Partner nach den Erfordernissen des Augenblicks. So abhängig sie vom jeweiligen Partner sind, so wenig Interesse haben sie – ganz auf ihre eigenen Bedürfnisse eingestellt – für seine Person übrig. Wie der junge Säugling, haben sie keine Gegenliebe zu bieten. Es ist leicht zu verstehen, dass die Überreste der primitiven Stufe zu sozial ungünstigen Entwicklungen führen, während die zweite Stufe der konstanten Mutterbindung zur besten Grundlage für erfolgreiche soziale Anpassung wird.

Wir treffen bei der Beobachtung der Beziehung des Kindes zur Mutter noch auf ein weiteres interessantes Phänomen, das eine weiter oben gemachte Feststellung ergänzen kann. Bei Besprechung der Körperbedürfnisse kamen wir zu der Tatsache, dass das Kleinkind noch über kein Mittel verfügt, um sich selbst zu befriedigen. Auch diese Regel ist nicht ohne Ausnahme. Das Kind, das in Bezug auf Nahrung, Regulierung der Temperatur, Körperlage und Reinlichkeit ganz auf die Mutter angewiesen ist, kann trotzdem Verschiedenes tun, um sich Lustgefühle zu verschaffen, indem es die abwesende Mutter durch Teile seines eigenen Körpers ersetzt. Wenn keine Brust oder Flasche da ist, an der es saugen kann, so saugt es am Daumen; das stillt zwar nicht den Hunger, verschafft ihm aber lustvolle Empfindungen an der Mundschleimhaut. Ist die Mutter nicht da, um das Kind zu hantieren, so kann es selbst durch Reiben oder Kratzen an irgendeiner Stelle der Körperoberfläche die Hauterotik stimulieren und sich Lust verschaffen. Wenn die Mutter das Kind nicht wiegt, so kann es selbst rhythmische, wiegende Bewegungen ausführen. Der vorurteilslose Beobachter, der das Kind über längere Zeiträume verfolgt, wird sich überzeugen, dass der Drang, sich verschiedene Arten erotischer Lustempfindung durch eigene Anstrengung mittels des eigenen Körpers zu verschaffen, im Leben jedes Säuglings eine Rolle spielt.

Als objektive Außenstehende würden wir erwarten, dass die Mütter, Pflegerinnen und Ärzte dieses kleine Maß von Unabhängigkeit des sonst so abhängigen Kindes begrüßen. Merkwürdigerweise ist das aber nie der Fall gewesen. Die Mediziner urteilen sehr abfällig über das Daumenlutschen, machen es für Deformationen des Kiefers oder schlechte Zahnstellung verantwortlich. Masturbatorische Betätigungen an der Haut oder den Genitalien wurden in voranalytischer Zeit als gefährliche Anzeichen sexueller Frühreife angesehen. Das rhythmische Schaukeln wird von vielen als möglicher Vorläufer autistischer Entwicklung verdächtigt.

Wir wissen heute, dass diese kritische Einstellung der Umwelt zum großen Teil darauf beruht, dass die geschilderten Betätigungen, die ersten echten Repräsentanten der infantilen Sexualität, eine Form sexueller Lust repräsentieren, die nach erwachsenem Maßstab als pervers gilt. Das ist aber nur einer der Gründe. Beobachter, die guten Kontakt mit den Müttern ihrer Säuglinge haben, werden bemerken, dass auch dort, wo der Schrecken über die kindliche Sexualität überwunden ist – wie heute an vielen Orten –, die Bedenken gegen die autoerotischen Betätigungen der Kleinkinder immer noch vorhanden sind. Es scheint, dass die Mutter unbewusst ihre Stellung als einzige Lustbringerin für das Kind verteidigt. Ein Kind, das sich selbst Lust verschafft, ist unabhängig, soweit seine Betätigung reicht. Die Mutter fühlt vage, dass es dadurch ihrem Einfluss und ihrer Leitung teilweise entzogen ist. Selbst wenn ihre ärztlichen oder psychologischen Ratgeber ihr bestätigen, dass Daumenlutschen, Schaukeln und Masturbieren etc. unbedenklich sind, ist die Mutter geneigt, sich auf einen Kampf dagegen einzulassen, einen Kampf, in dem sie unweigerlich den Kürzeren zieht. Wer das Kind nicht buchstäblich an Händen und Füßen anbindet, wird es nicht hindern können, diese vollkommen legitimen, triebbedingten infantilen Aktivitäten zu betreiben.

Es wird von Nutzen sein, wenn die Studenten im Laufe des Jahres die Entwicklungsdaten ihrer verschiedenen Säuglinge miteinander vergleichen. Nicht alle Kinder durchlaufen die entscheidenden Stadien zur gleichen Zeit. Trotzdem sollen gewisse Entwicklungsstufen irgendwann während des ersten Jahres erreicht oder überschritten werden; zu welchem genauen Zeitpunkt es geschieht, hängt in jedem einzelnen Fall von der Wechselwirkung zwischen konstitutionellen und Umwelteinflüssen ab. Alle Kinder durchlaufen eine Phase, in welcher ihr Leben vom Wechsel zwischen Lust und Unlust beherrscht ist. Alle Kinder sollen im Laufe des ersten Jahres lernen, die reale Umwelt wahrzunehmen und zu prüfen, sollen ein Gedächtnis entwickeln und ein Bild vom Körper-Ich aufbauen, auf welchem die künftige Persönlichkeit basiert. Alle Kinder durchlaufen in der Mutterbeziehung die Phase, in der ihre Bedürfnisbefriedigung an erster Stelle steht; alle sollten diese Phase überwinden, um den nächsten Schritt zur echten Liebesbindung zu machen. Soweit sie diese grundlegenden Bedingungen erfüllen, ist ihre Entwicklung normal. Sie sind bereit für die zwei nächsten wichtigen Fortschritte des zweiten Lebensjahres; für die Erwerbung der koordinierten Motilität und der Sprachfähigkeit.

Die Aggression in ihrer Beziehung zur normalen und pathologischen Gefühlsentwicklung

Einleitung

Die hier folgenden Bemerkungen über den Aggressionstrieb sind nicht mehr als ein Auszug aus der psychoanalytischen Trieblehre, mit all den Mängeln, die einer knappen und systematischen Darstellung eines komplexen und subtilen Themas notwendigerweise anhaften.

Die Bedeutung der Triebe für den Aufbau der Persönlichkeit

Das Verhältnis zwischen Triebleben und Persönlichkeitsgestaltung erscheint durch die Erkenntnisse der Psychoanalyse in neuem Licht. Für die voranalytische Psychologie war die Kindheit des Individuums eine mehr oder weniger friedliche Periode von Wachstum und Entwicklung, in der die Triebregungen, soweit sie als vorhanden angenommen wurden, nur die Rolle von Störenfrieden spielten. Anders in der psychoanalytischen Triebpsychologie, in der den ererbten Trieben die Hauptrolle in der Formung der Persönlichkeit zufällt. Die Triebe machen Anforderungen an das Seelenleben, die zur Ausbildung neuer Fähigkeiten, der sogenannten Ich-Funktionen, anregen. Diese Ich-Funktionen haben die Aufgabe, das Verlangen nach Befriedigung, das von den Triebansprüchen ausgeht, mit den Umweltbedingungen des kindlichen Individuums in Einklang zu bringen. Wo diese Umweltbedingungen die Befriedigung eines bestimmten Triebwunsches gestatten, hat das Ich nichts anderes zu tun, als den günstigsten Weg zur Erreichung des Triebzieles auszuwählen. Wo Umweltforderung und Triebregung in Widerspruch geraten, entsteht ein Konflikt, für den das Ich eine Lösung finden muss. Eine solche Lösung kann mehrfacher Art sein. Das Ich kann den Einspruch der Außenwelt außer Acht lassen (Verleugnung) oder den Anspruch der inneren Triebwelt vernachlässigen (Verdrängung). Es kann sich im Gehorsam gegen die Außenwelt gegen den eigenen Trieb auflehnen («brav» sein) oder im Gehorsam gegen den Trieb gegen die Außenwelt revoltieren («schlimm», «unfolgsam» sein). Das Ich kann auch in die Lage kommen, zwischen den Ansprüchen zweier einander entgegengesetzter Triebregungen oder zwischen Abkömmlingen seiner Triebe und seiner eigenen Ideale entscheiden zu müssen. Alle diese Fälle bedeuten für das Ich Gefahren (drohende Bedürfnisspannungen, Kastration, Strafe, Liebesverlust), auf die es mit Angst reagiert.

Diese nicht endenden Zusammenstöße zwischen Ich und Trieb dienen als beständiger Ansporn zur Höherentwicklung der seelischen Fähigkeiten und bestimmen letzten Endes die Gestaltung der Persönlichkeit. Was wir Charakter nennen, ist nichts anderes als die Summe der Haltungen, die das Ich eines Individuums seinen Konflikten gegenüber einnimmt, d.h. die Entscheidungen, welche Triebansprüche zur Befriedigung zugelassen, welche abgewiesen werden sollen; und welcher Mittel sich das Ich in der Abwehr gegen die von innen und außen drohenden Gefahren bedient.

Sexualität und Aggression als Haupttriebe

Die psychoanalytische Trieblehre anerkennt anstatt einer Vielzahl von Trieben zwei Grundtriebe: Sexualität und Aggression. Die sexuellen Strebungen dienen der Erhaltung, Fortpflanzung und Bindung des Lebens; die destruktiven oder aggressiven

Regungen dem umgekehrten Zweck, d.h. der Auflösung von Verbindungen und der Zerstörung.

Die psychoanalytische Sexualtheorie

Der wichtigste Beitrag der Psychoanalyse zur Sexuallehre ist die Entdeckung der über den ganzen Körper verteilten, von Geburt an vorhandenen Ursprungsstellen von Sexualerregung, der sogenannten erogenen Zonen, an die die infantilen prägenitalen Sexualstrebungen gebunden sind. Je nach der Ansatzstelle dieser sexuellen Partialtriebe (Hautoberfläche, Schleimhaut von Mund und Anus, Genitalien) unterscheiden wir in der Kindheit zwischen oralen, analen und phallischen Sexualorganisationen, in denen die Befriedigung teils am eigenen Körper, teils an den Liebesobjekten in der Außenwelt gesucht wird. Soweit die infantilen Partialtriebe nicht unter dem Einfluss des Ichs umgebildet werden, gehen sie normalerweise als extragenitale Beimischungen in die genitale Sexualität des Erwachsenen ein (Küssen, Betasten, Beschauen); in abnormen Fällen kann es einem einzelnen prägenitalen Partialtrieb gelingen, sich in dominierender Rolle im erwachsenen Sexualleben zu behaupten (in Perversionen wie Fellatio, Cunilingus, Schaulust, Exhibition usw.). Die von der Psychoanalyse aufgedeckte infantile Sexualität ist also ihrem Charakter nach polymorph pervers. Die Vorstellung, dass solche perverse, d.h. extragenitale Strebungen normaler und regelmäßiger Weise in jeder gesunden Kindheit zu finden sind, ist von Anfang an auf Befremden und Widerstand gestoßen. Selbst Autoren, die der Psychoanalyse in vieler Beziehung nahestehen, suchen noch heute nach Mitteln und Wegen, um den einen oder anderen infantilen Partialtrieb aus der Welt zu schaffen. Sie bekämpfen das Daumenlutschen des Säuglings, die analen Interessen des Kleinkinds, die Masturbation der phallischen Phase, als wären diese legitimen infantilen Triebäußerungen zufällige und vermeidbare Folgen schädlicher Umwelteinflüsse.

Trotz dieser weit verbreiteten Widerstände ist es im Laufe des letzten Vierteljahrhunderts gelungen, eine überwältigende Menge von Beweismaterial für die Existenz und die Erscheinungsformen der kindlichen Sexualität zusammenzutragen. Das gesammelte Beobachtungsmaterial betrifft Kinder aller Länder, Bevölkerungsschichten und Lebensumstände.

Die psychoanalytische Aggressionslehre

Der aggressive Charakter der infantilen Sexualstrebungen spielt in der psychoanalytischen Trieblehre von Anfang an eine Rolle. Die Aggression erscheint in der Frühzeit der Psychoanalyse als Komponente des eigentlichen Sexuallebens (analer Sadismus). Im späteren Ausbau der Trieblehre wird sie zum Vertreter der zweiten Gruppe von Grundtrieben, der destruktiven Triebe.

Das Interesse für Aggression und Destruktion, ihre Manifestationen und Entwicklungsformen steht heute als Streitfrage im Mittelpunkt der dynamischen Psychologie, ähnlich wie zu Beginn des Jahrhunderts das Interesse an der infantilen Sexuallehre.

Autoaggressionen des Kleinkinds

In der frühinfantilen Periode finden wir – parallel zu den autoerotischen Betätigungen am eigenen Körper – autoaggressive Abfuhrmöglichkeiten. Ein Beispiel dafür ist das sogenannte Kopfstoßen der Kleinkinder, nicht zu verwechseln mit den rhythmischen Körperschaukelbewegungen, die autoerotischen Charakter haben. Das Kopfstoßen tritt seltener auf als das rhythmische Schaukeln, steht der Pathologie näher und führt gelegentlich zu wirklicher Selbstschädigung. In dieselbe Kategorie gehört das nicht häufige Haarausreißen der Kleinkinder.

Ich verweise hier auf Dr. W. Hoffers Arbeiten[6], die sich mit dem Thema der selbstzerstörerischen Tendenzen des Kleinkinds

[6] Siehe «Hand, Mouth and Ego Integration», Psychoanalytic Study of the Child, Volume III/IV.

beschäftigen. HOFFER beschreibt den Fall eines geistig zurückgebliebenen Mädchens, das seine Arme und Hände zerbeißt bei gleichzeitiger Unfähigkeit, Nahrung zu kauen. Er führt aus, dass Hand- oder Fingerlutschen im ersten Lebensjahre eine normale autoerotische Betätigung, Beißen als Selbstzerstörung aber abnorm und auf geistig zurückgebliebene oder psychotische Kinder beschränkt ist. Die normale Entwicklung fordert schon auf dieser Stufe die Wendung der Aggression vom eigenen Körper weg auf die Außenwelt.

Auf späteren Entwicklungsstufen wird Aggression normalerweise wieder von der Außenwelt abgezogen und nach innen gewendet. Sie steht dann dem Über-Ich zur Verfügung und richtet sich gegen das Ich, nicht mehr gegen den Körper.

Objektgerichtete Aggression

In den Objektbeziehungen des Kindes sind erotische und destruktive Elemente so innig gemischt, dass sich in der einzelnen Reaktion die Anteile der beiden Grundtriebe schwer auseinanderhalten lassen. Auf jeder Stufe der infantilen Sexualorganisation finden wir aggressive Beimischungen zu den libidinösen Strebungen. Normales infantiles Verhalten setzt das Vorhandensein beider Triebelemente voraus. Auf der oralen Stufe enthält die Beziehung des Säuglings zur Mutterbrust, später zur Mutter, aggressive Strebungen, wie Gier und Unersättlichkeit. Der Säugling behandelt die Mutter wie die Nahrung, und er zerstört, was er in sich aufnimmt (Aussaugen, Einverleiben). Noch deutlicher ist die Mischung zwischen Libido und Aggression auf der analen Stufe. Selbst den ungeschulten Beobachter beeindruckt die Vehemenz, mit der das zweijährige Kind von der Mutter Besitz ergreift, sich an sie klammert, sie quält, von ihr fordert, sie mit seiner Liebe erschöpft. Dass auch ältere Kinder zerstören, was sie lieben, ist bekannt. Im Dienst der sexuellen Wissbegier werden die Dinge bis in ihre Bestandteile zerlegt; Spielzeug hat umso kürzere Lebensdauer, je befriedigender es ist, Tiere sind in Gefahr, von ihren kindlichen Besitzern vor Liebe erdrückt zu werden etc. In diesen prägenitalen Phasen ist es nicht Hass, sondern aggressive Liebe, die ihre Objekte zu vernichten droht.

In der phallischen Phase nimmt die Mischung von Libido und Aggression erwachsenere Formen an. In der männlichen Entwicklung wird das Liebesobjekt (die Mutter) zu dieser Zeit nicht nur besessen und beherrscht, sondern auch beschützt. Wo das aggressive Element sich mit exhibitionistischen Tendenzen verbindet, entsteht der doppelte Wunsch nach Unterwerfung der Mutter durch die ihr eingeflößte Bewunderung.

Die Bedeutung der quantitativen Faktoren

Wir anerkennen die Mischung von libidinösen und aggressiven Strebungen als normal und typisch. Variationen im Mischungsverhältnis sind für viele der in Erscheinung tretenden individuellen Unterschiede verantwortlich. Wo auf der analen Stufe die aggressiven Beiträge größer sind als gewöhnlich, entsteht das Bild einer sadistischen Perversion. Wo auf der phallischen Stufe die Aggression reduziert (gehemmt, verdrängt) ist, entsteht Schüchternheit, Minderwertigkeit, Mangel an Männlichkeit. Für den Erzieher erklären diese quantitativen Schwankungen die Unterschiede zwischen Bravheit und Schlimmheit, Lenksamkeit und Unlenksamkeit etc.; all dies noch im Rahmen des Normalen.

Pathologische Äußerungsformen der infantilen Aggression

Verschiedene Publikationen der Kriegs- und Nachkriegsjahre verweisen auf aggressive Störungen des infantilen Lebens, die besonders dort aufzutreten scheinen, wo Kinder unter unnatürlichen Lebensbedingungen aufwachsen (ohne Eltern und Familien, ohne ständiges Heim, in Gruppenerziehung, Konzentrationslagern etc.). Die Störung besteht im Auftreten sinnloser und unkontrollierbarer Zerstörungslust, im Fehlen der normalen

Reaktionen von Bedauern oder Schuldgefühl nach angerichtetem Schaden, in Tierquälerei, Misshandlung Schwächerer, Gleichgültigkeit gegenüber den Erwachsenen – Zustände, an denen die Bemühungen von Erziehern, Kinderpsychologen oder Therapeuten gleichmäßig scheitern.

Die Anwendung unserer Triebtheorie auf Fälle dieser Art erlaubt die Vermutung, dass es sich hier nicht um eine an und für sich pathologische Qualität oder Quantität von Aggression handelt, sondern um eine Entmischung von aggressiven und libidinösen Regungen. Der pathologische Faktor liegt auf libidinösem Gebiet und besteht in einem, durch das Zusammenwirken ungünstiger Umstände bewirkten Zurückbleiben der Gefühlsentwicklung. Wo in der Umwelt des Kindes die Liebesobjekte fehlen oder wechseln oder wo Objektbindungen aus inneren Gründen nicht zustande kommen, dort wird die Libidoentwicklung geschädigt oder bleibt an primitive Stufen fixiert. Aufseiten der aggressiven Strebungen fehlt dann der libidinöse Beitrag, durch den die Aggression normalerweise gebunden, neutralisiert und für das soziale Leben brauchbar gemacht wird. Die aggressiven Regungen kommen unvermischt und unverändert als pure Destruktion zum Ausdruck. Alle bisher gemachten Anstrengungen, solche Zustände infantiler Destruktionslust mit den gewöhnlichen Erziehungsmitteln zu bewältigen, sind von vorneherein zum Scheitern bestimmt. Wo Therapie angewendet wird, muss sie auf die libidinöse, nicht die aggressive Seite des Trieblebens abzielen. Gelingt es, die zurückgebliebene oder sonstwie gestörte Libidoentwicklung wieder in Gang zu bringen, dann stellt sich die Mischung von Aggression mit Libido automatisch her und macht den destruktiven Äußerungen ein Ende.

Lebens- und Todestriebe

Die hier verwendeten Begriffe haben ihren Ursprung in der Trieblehre Freuds, die auf dem Gegenspiel von zwei Triebarten, Lebenstrieben und Todestrieben, aufgebaut ist. Für die vorliegende Arbeit ist dieser biologischen Theorie nur so viel entnommen, als zur Anwendung auf die uns vorliegenden praktischen psychologischen Probleme von unmittelbarem Vorteil ist.

Personenregister

Sachregister